Destruição
Destrucción
Destruction

LUIS HU RIVAS

🇧🇷 Em uma bela tarde, o cachorrinho Lupi e a gatinha Oli passeavam pela cidade.
Enquanto andavam, ouviam as pessoas comentarem sobre as últimas notícias a respeito de grandes problemas e terremotos no mundo. Isso deixou nossos amigos um pouco preocupados.
– Será que o planeta vai passar por um tempo de destruição, como na época dos dinossauros? – pensou Oli, em voz alta.
– Será que podemos fazer algo para evitar isso? – Lupi perguntou.

 En una hermosa tarde, el perrito Lupi y la gatita Oli estaban paseando por la ciudad.
Mientras caminaban, escucharon a las personas comentar las últimas noticias sobre grandes problemas y terremotos en el mundo. Esto hizo que nuestros amigos se preocuparan un poco.
–¿Será que el planeta va pasar por un tiempo de destrucción como en la época de los dinosaurios? pensó Oli en voz alta.
–¿Podemos hacer algo para evitarlo? –preguntó Lupi.

🇺🇸 On a beautiful afternoon, the dog Lupi and the kitten Oli were walking through the city.
As they walked, they listened to people talking about the latest world news about big problems and earthquakes. That made our friends a little worried.
"Will the planet go through a time of destruction, like in the time of the dinosaurs?" Oli thought out loud.
"Can we do anything to prevent this?" asked Lupi.

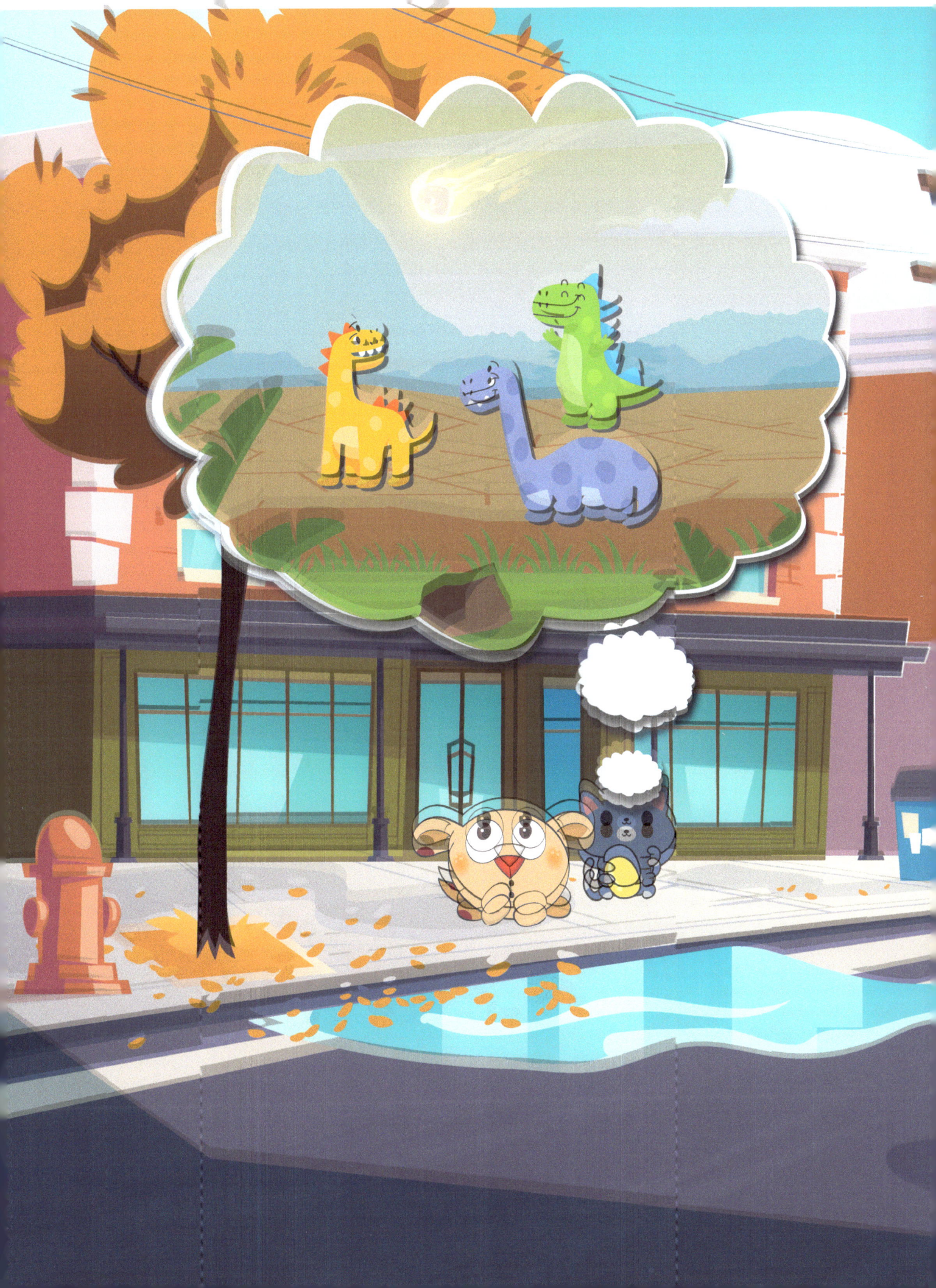

🇧🇷 Pensando no que fazer para melhorar o planeta, Oli imaginou um grupo de dinossauros super-heróis, prontos para salvar a Terra e trazer a paz.
Como já estava ficando tarde, retornaram ao lar. Ao chegarem, receberam a visita de alguém que poderia informá-los sobre o destino do planeta.

🇪🇸 Pensando en qué hacer para mejorar el planeta, Oli imaginó un grupo de dinosaurios superhéroes, listos para salvar la Tierra y traer la paz.
Como se hacía tarde, regresaron a casa. A su llegada, fueron visitados por alguien que podría informarles sobre el destino del planeta.

🇺🇸 Thinking about what to do to improve the planet, Oli imagined a group of superhero dinosaurs, ready to save the Earth and bring peace.
As it was getting late, they returned home. Upon arrival, they were visited by someone who could inform them of the planet's fate.

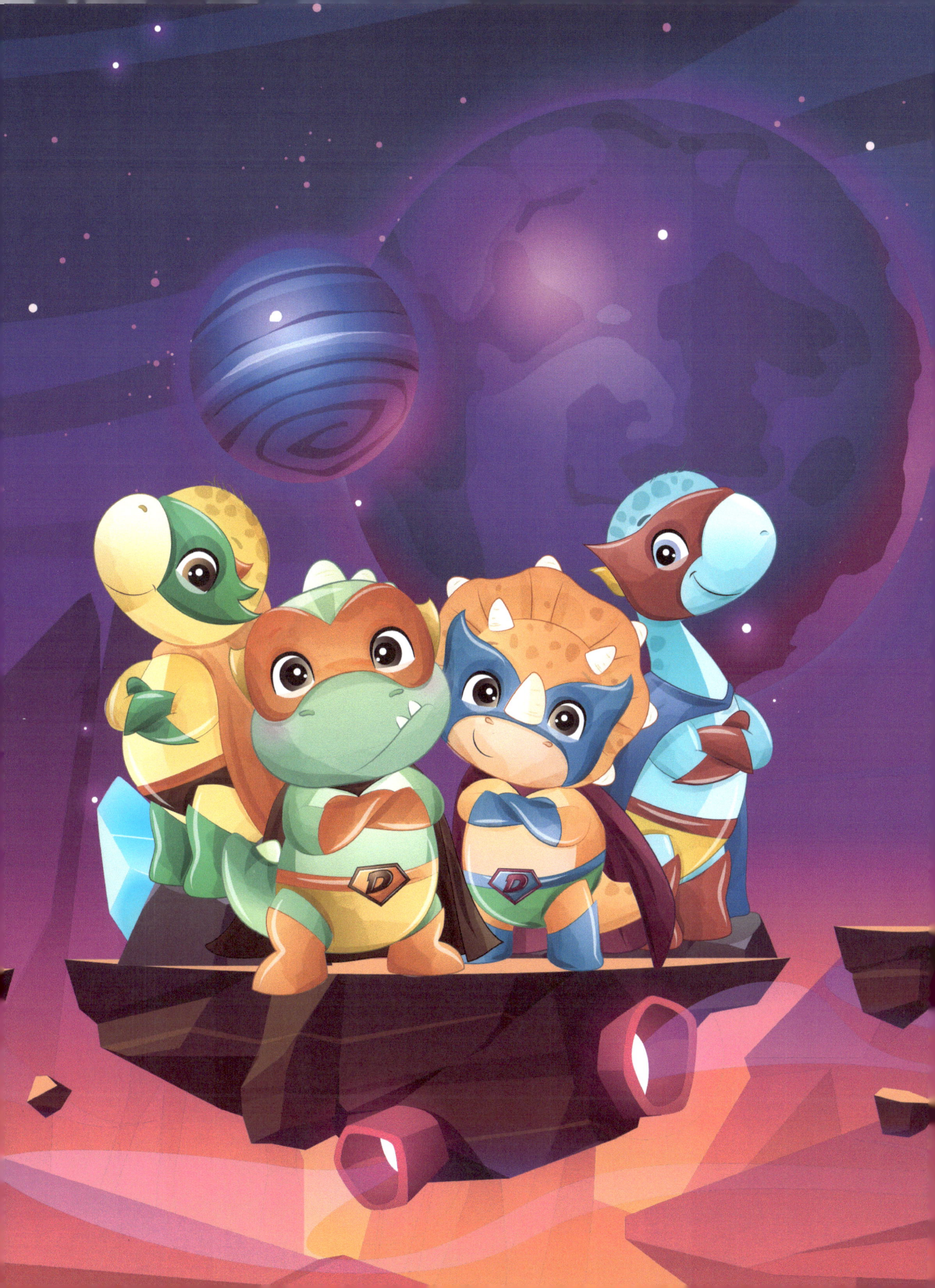

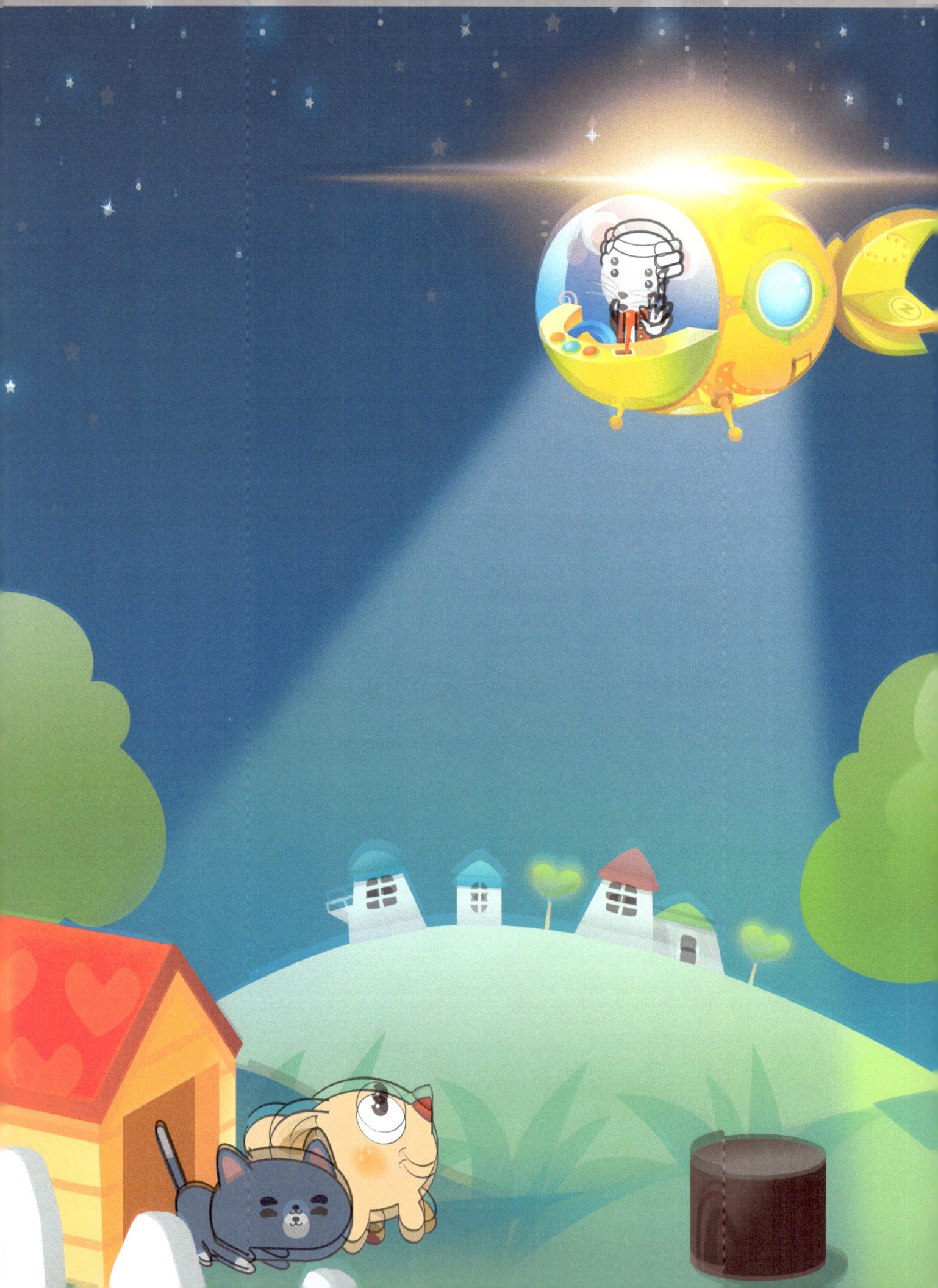

🇧🇷 Era Mouzart, um simpático ratinho de Júpiter, que tinha chegado com sua nave para responder às dúvidas sobre o futuro da humanidade.

🇪🇸 Era Mouzart, el simpático ratón de Júpiter, que había llegado con su nave para responder preguntas sobre el futuro de la humanidad.

🇺🇸 It was Mouzart, a friendly mouse from Jupiter, who had arrived in his spaceship to answer questions about the future of humanity.

🇧🇷 Lupi e Oli entraram na nave para conversar, e a gatinha ficou impressionada com uma tela muito moderna.
– Prestem atenção! – disse o ratinho. – Vou explicar uma das Leis da Natureza: a Lei de Destruição!

🇪🇸 Lupi y Oli entraron en la nave para conversar, y la gatita se quedó impresionada con una pantalla muy moderna.
–¡Presten atención! –dijo el ratón.– Explicaré una de las Leyes de la Naturaleza: ¡la Ley de Destrucción!

🇺🇸 Lupi and Oli entered the spaceship to talk, and the kitten was impressed by a very modern canvas.
"Pay attention!" said the mouse. "I will explain one of the Laws of Nature: the Law of Destruction!"

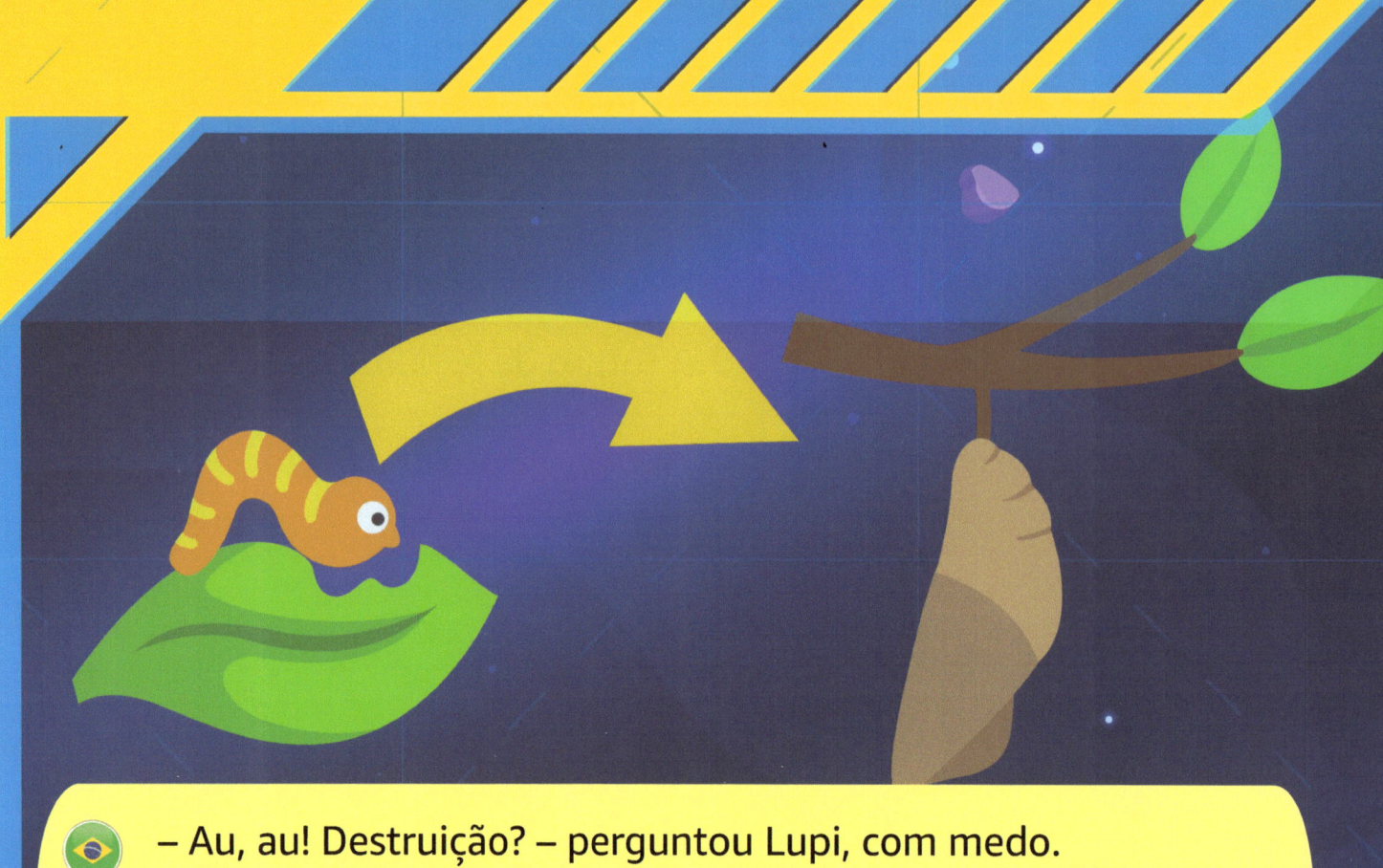

🇧🇷 – Au, au! Destruição? – perguntou Lupi, com medo.
– Na verdade, nada se destrói, só se transforma – respondeu Mouzart. – Veja como a lagarta se transforma em uma linda borboleta.
O ratinho explicou que, na natureza, tudo é transformado para se renovar, e que essa era a Lei de Destruição.

🇪🇸 –¡Guau, guau! ¿Destrucción? –preguntó Lupi, asustado.
–En realidad, nada se destruye, simplemente se transforma –respondió Mouzart.– Vean cómo la oruga se transforma en una hermosa mariposa.
El ratón explicó que, en la naturaleza, todo lo que se transforma es para renovarse, y que esa es la Ley de Destrucción.

🇺🇸 "Woof, woof! Destruction?" asked Lupi, afraid.
"Actually, nothing is destroyed, it is only transformed," replied Mouzart. "See how the caterpillar transforms into a beautiful butterfly."
The mouse explained that, in nature, everything is transformed to renew itself, and that this was the Law of Destruction.

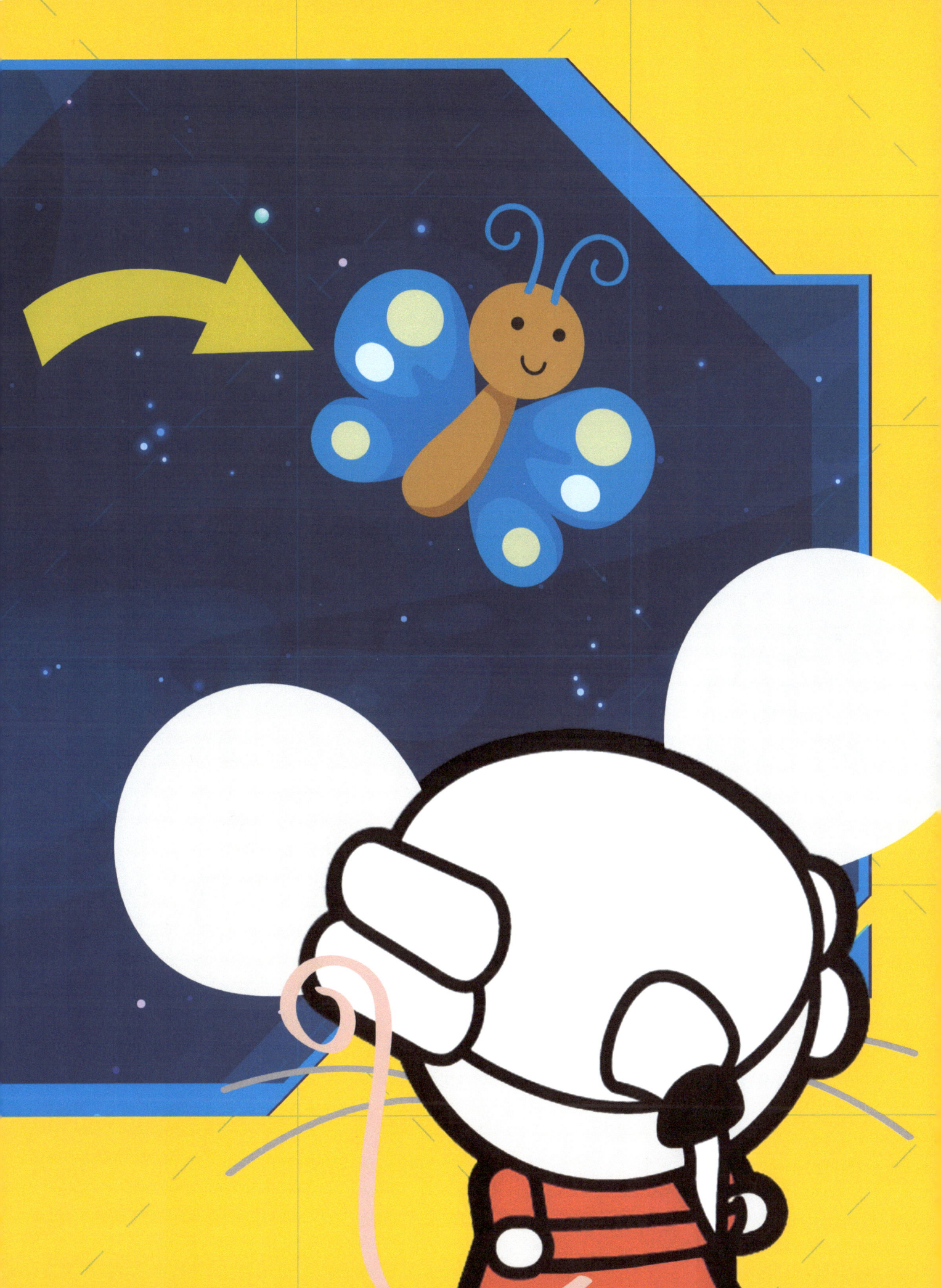

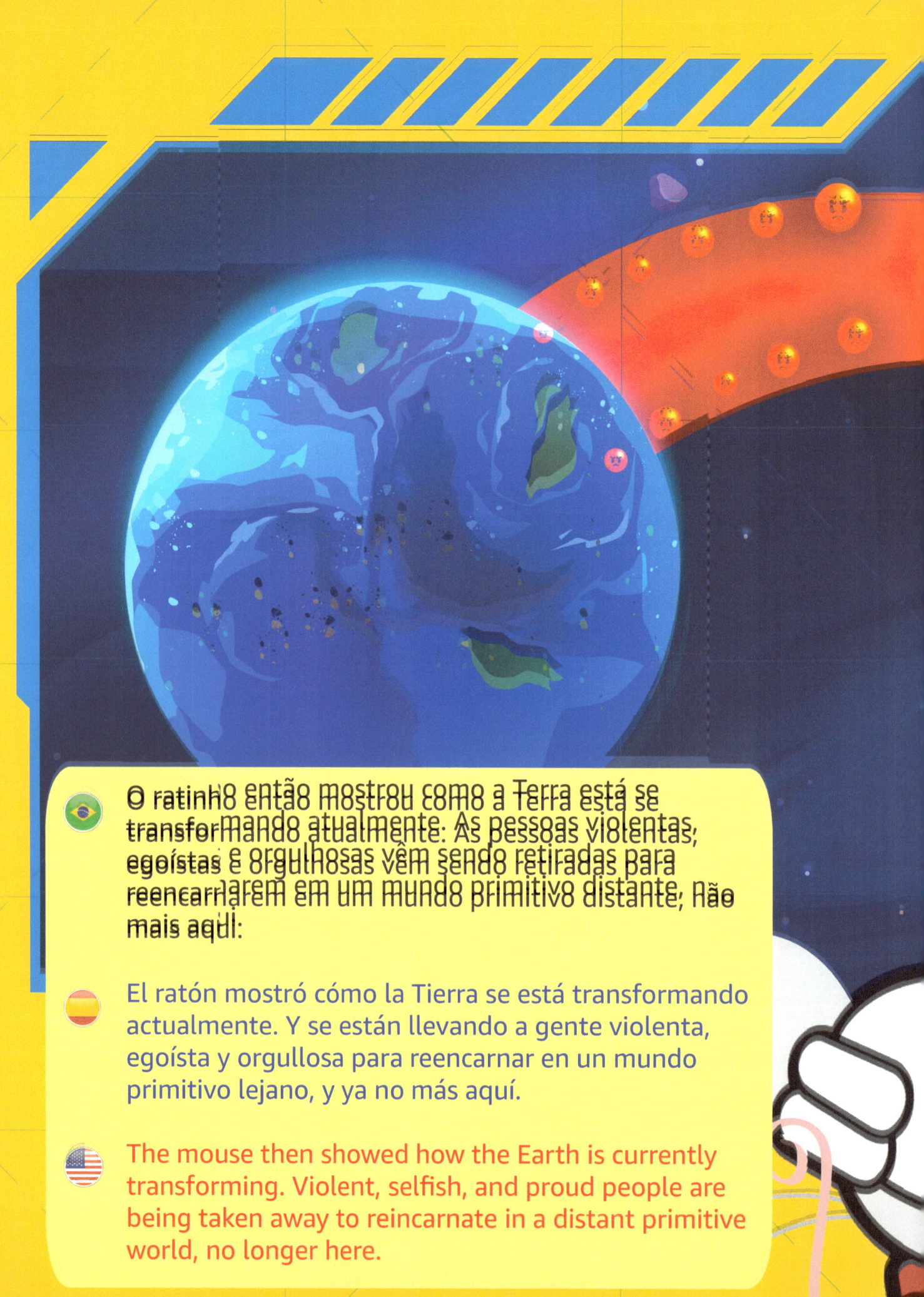

🇧🇷 O ratinho então mostrou como a Terra está se transformando atualmente. As pessoas violentas, egoístas e orgulhosas vêm sendo retiradas para reencarnarem em um mundo primitivo distante, não mais aqui.

🇪🇸 El ratón mostró cómo la Tierra se está transformando actualmente. Y se están llevando a la gente violenta, egoísta y orgullosa para reencarnar en un mundo primitivo lejano, y ya no más aquí.

🇺🇸 The mouse then showed how the Earth is currently transforming. Violent, selfish, and proud people are being taken away to reincarnate in a distant primitive world, no longer here.

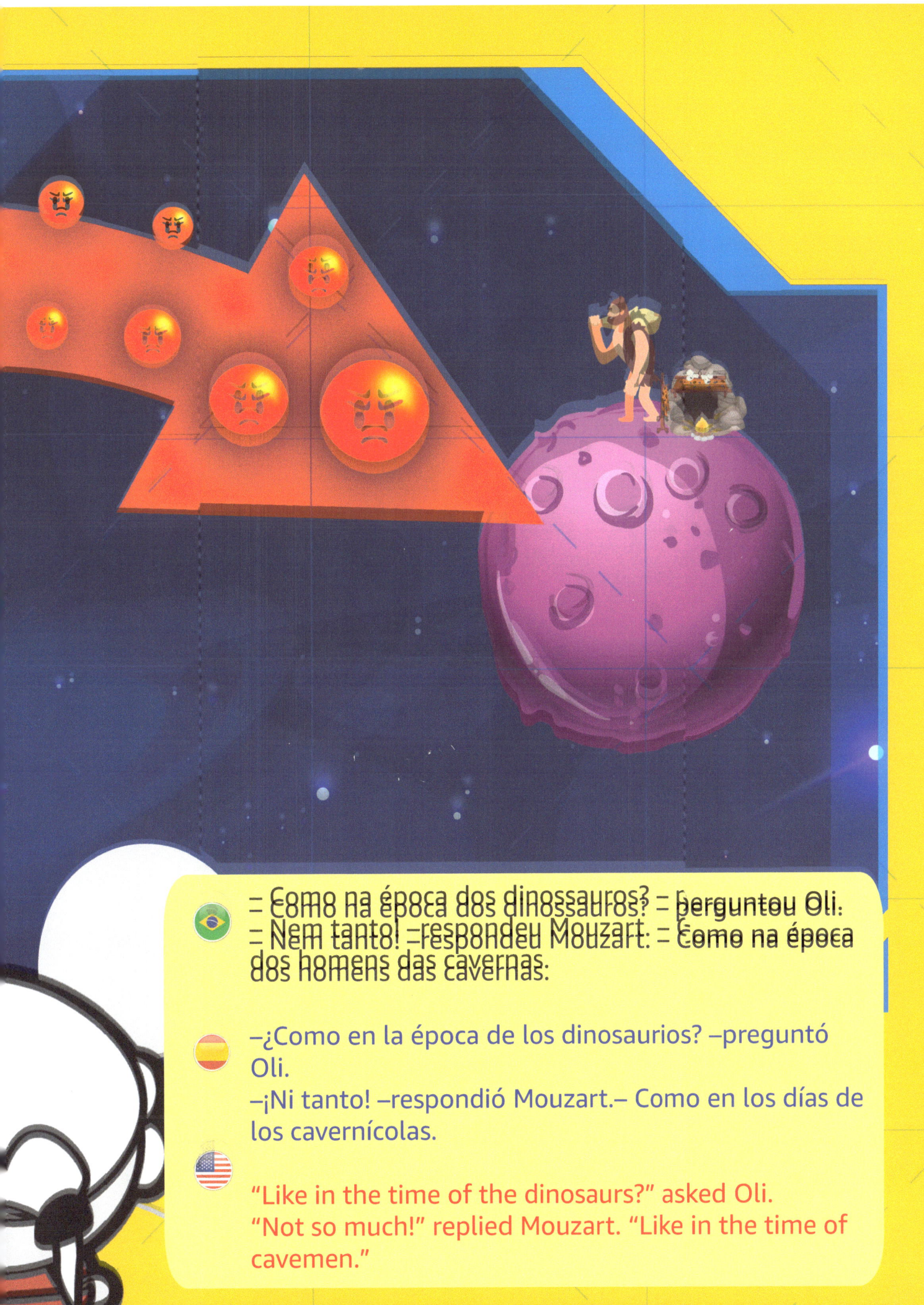

– Como na época dos dinossauros? – perguntou Oli.
– Nem tanto! – respondeu Mouzart. – Como na época dos homens das cavernas.

–¿Como en la época de los dinosaurios? –preguntó Oli.
–¡Ni tanto! –respondió Mouzart.– Como en los días de los cavernícolas.

"Like in the time of the dinosaurs?" asked Oli.
"Not so much!" replied Mouzart. "Like in the time of cavemen."

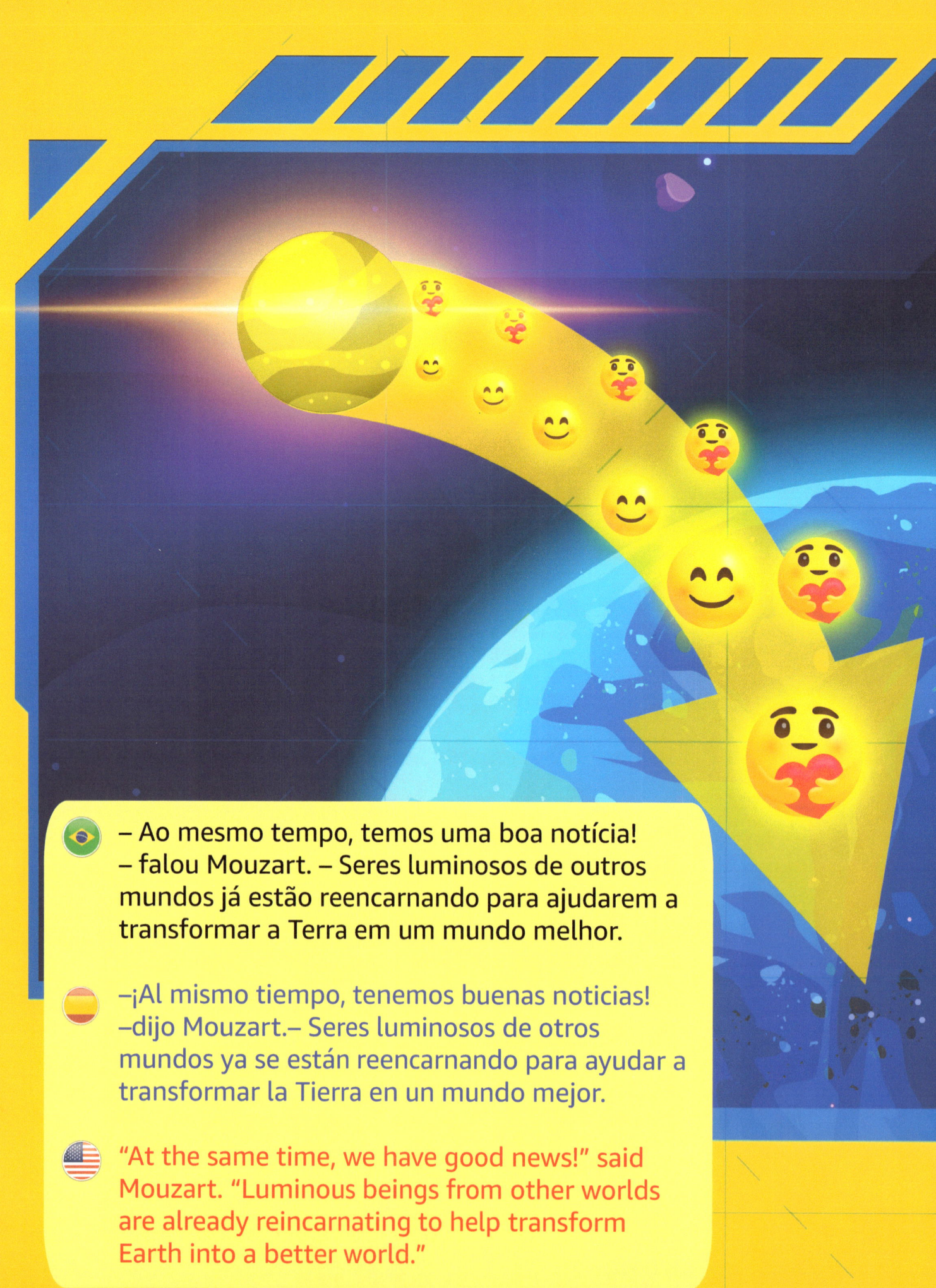

🇧🇷 – Ao mesmo tempo, temos uma boa notícia! – falou Mouzart. – Seres luminosos de outros mundos já estão reencarnando para ajudarem a transformar a Terra em um mundo melhor.

🇪🇸 –¡Al mismo tiempo, tenemos buenas noticias! –dijo Mouzart.– Seres luminosos de otros mundos ya se están reencarnando para ayudar a transformar la Tierra en un mundo mejor.

🇺🇸 "At the same time, we have good news!" said Mouzart. "Luminous beings from other worlds are already reincarnating to help transform Earth into a better world."

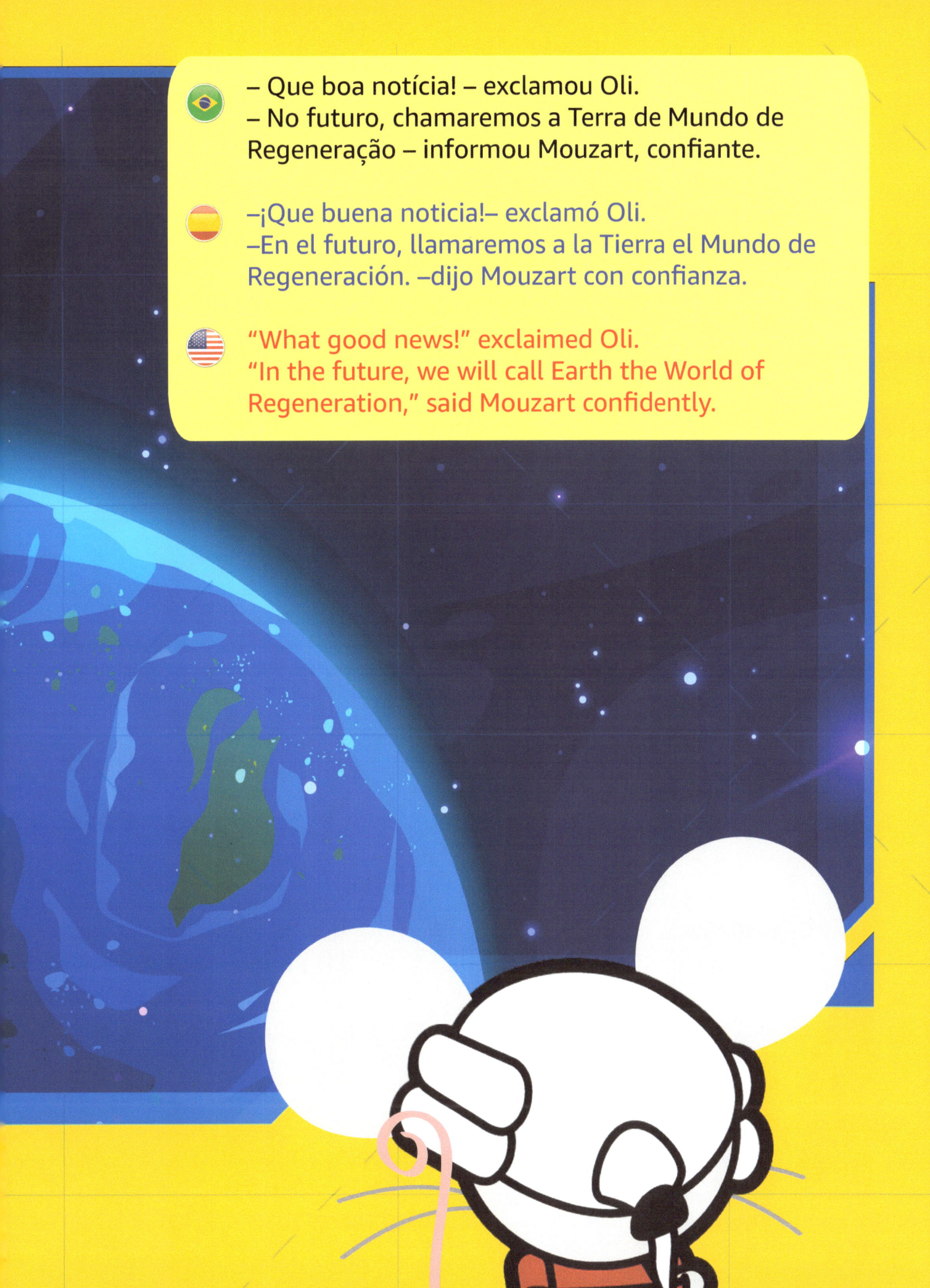

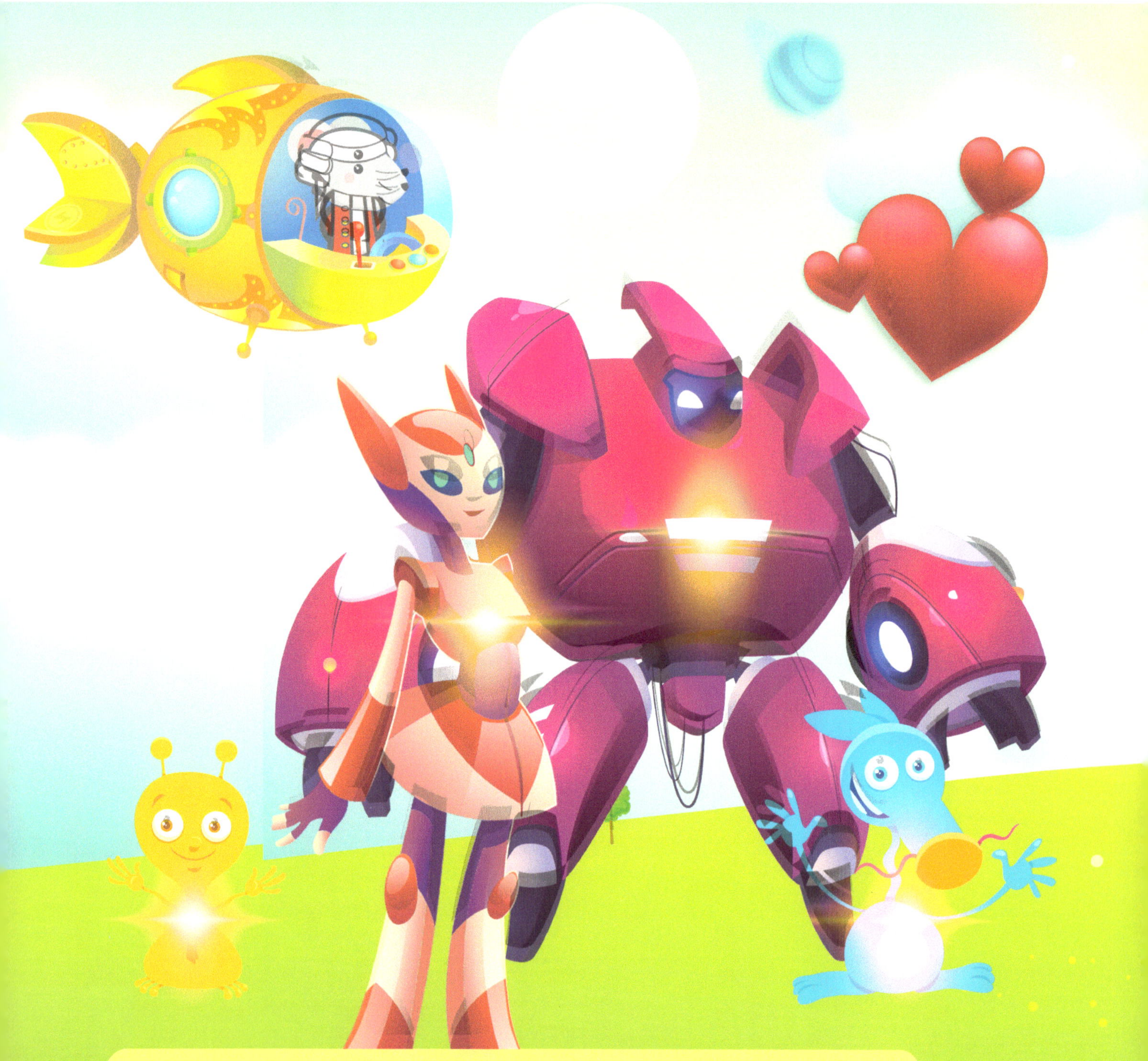

🇧🇷 – Com a chegada de seres de bom coração e a transformação das pessoas para o bem, a Terra viverá sem guerras – informou ainda o ratinho.

🇪🇸 –Con la llegada de seres de buen corazón y la transformación de las personas hacia el bien, la Tierra vivirá sin guerras. –informó el ratoncito.

🇺🇸 "With the arrival of good-hearted beings and the transformation of people for the good, the Earth will go on without wars," informed the mouse.

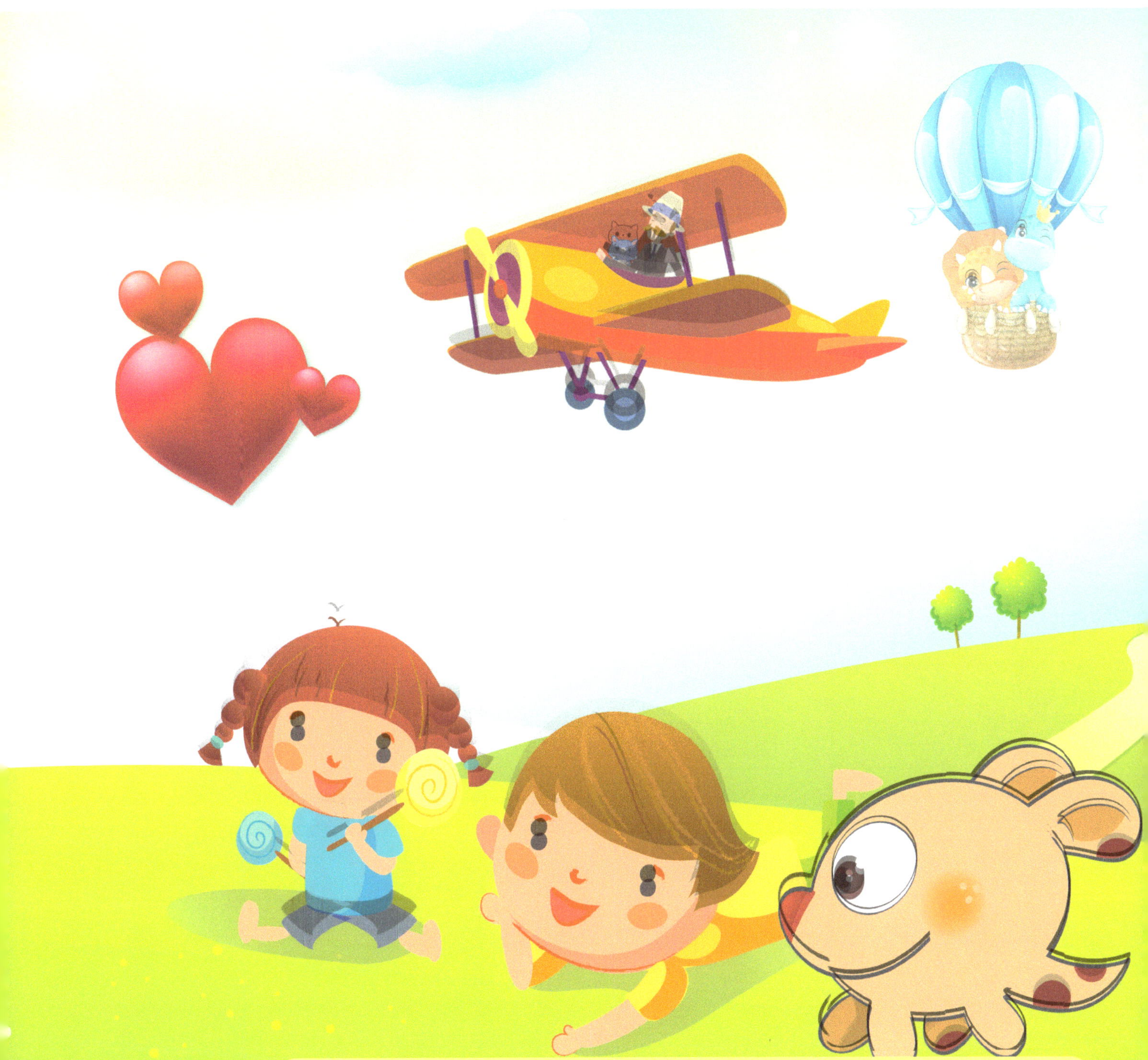

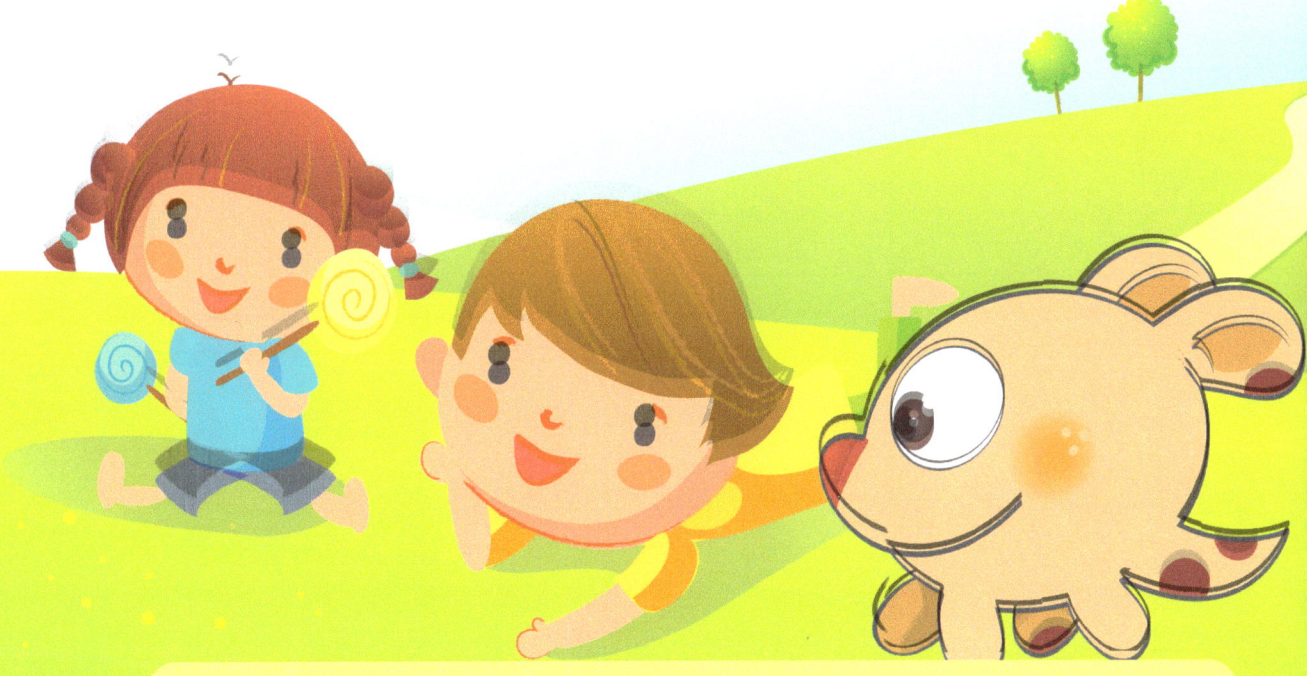

🇧🇷 A gatinha Oli imaginou amigos de mundos diferentes vivendo em paz ao lado dos humanos.
– Esse seria meu desejo do futuro! – afirmou Lupi.

🇪🇸 La gatita Oli imaginó a sus amigos de diferentes mundos viviendo en paz junto a los humanos.
–¡Ese sería mi deseo para el futuro! –dijo Lupi.

🇺🇸 Oli the cat imagined friends from different worlds living in peace alongside humans.
"That would be my wish for the future!" affirmed Lupi.

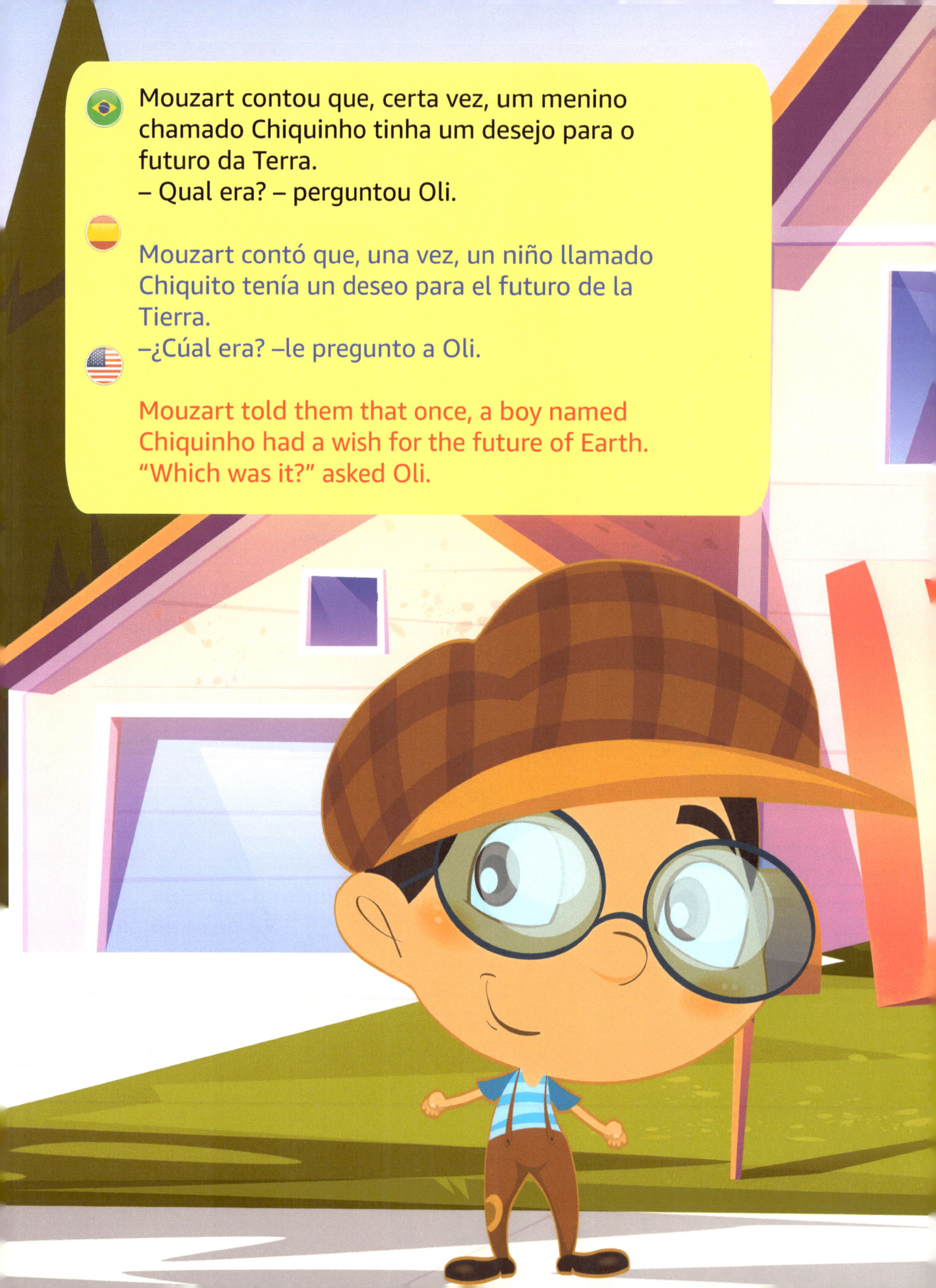

🇧🇷 – Colocar uma placa com uma frase na entrada de todas as casas – respondeu Mouzart. – Nela estaria escrito o que disse Jesus: "Amai-vos uns aos outros como Eu vos amei".

🇪🇸 –Poner un cartel con una frase en la entrada de cada casa –respondió Mouzart. –En él estaría escrito lo que dijo Jesús: "Amaos los unos a los otros como yo os he amado".

🇺🇸 "To put a plaque with a phrase at the entrance of every house," replied Mouzart. "In it would be written what Jesus said: Love one another as I have loved you."

Amai-vos uns aos outros como Eu vos amei.

Amaos los unos alos otros como yo os he amado.

Love one another as I have loved you.

🇧🇷 —Essa frase nos faria lembrar do amor e da misericórdia que Jesus nos ensinou — disse Mouzart.

🇪🇸 —Esa frase nos recordaría el amor y la misericordia que Jesús nos enseñó. —dijo Mouzart.

🇺🇸 "That phrase would remind us of the love and mercy that Jesus taught us," said Mouzart.

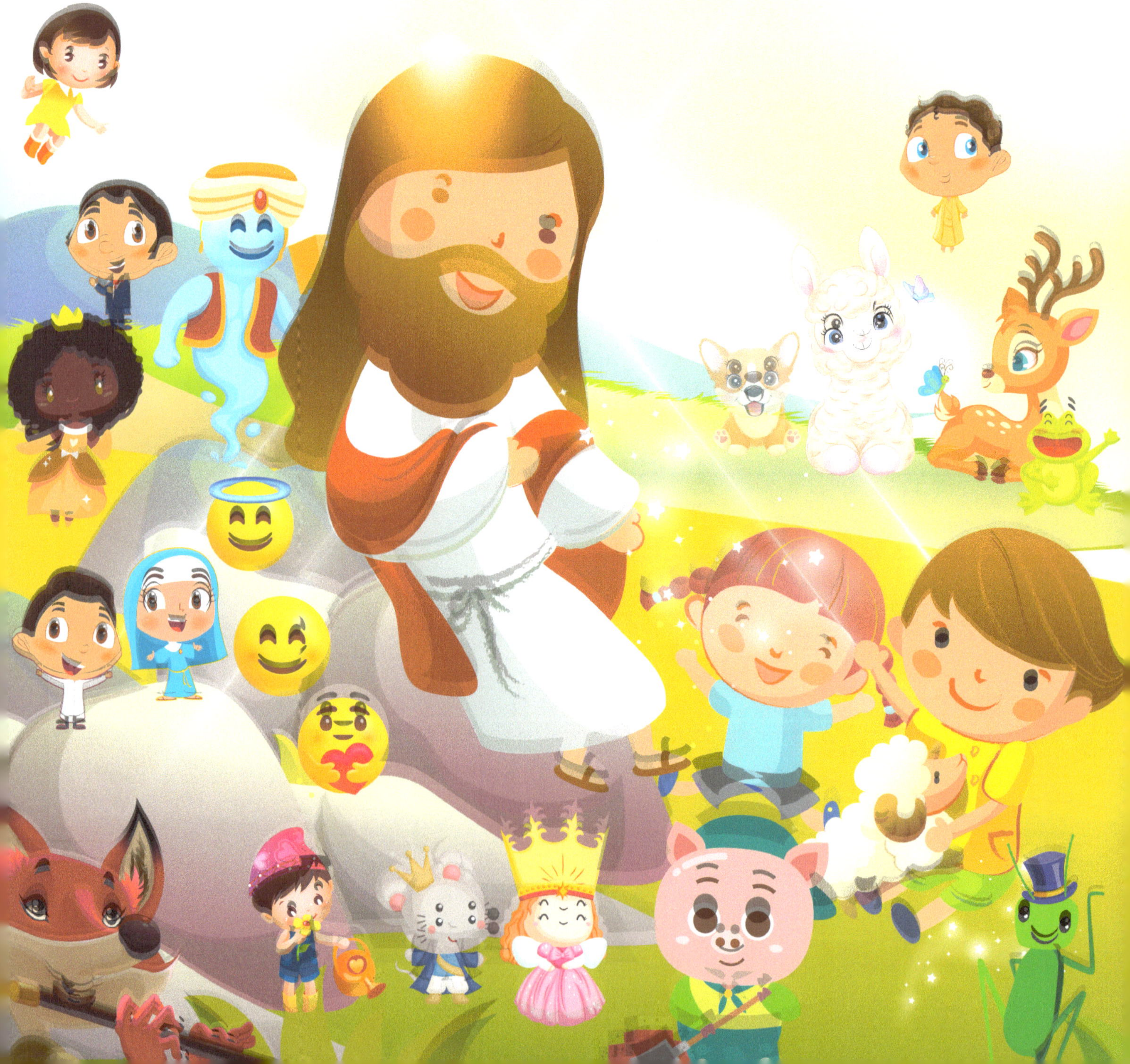

🇧🇷 Oli imaginou Jesus ao lado de todos os seus amigos.
— Esse é o reino do bem na Terra, um mundo regenerado e cheio de bons Espíritos! — falou Mouzart.

🇪🇸 Oli imaginó a Jesús junto a todos sus amigos.
—¡Este es el reino de la bondad en la Tierra, un mundo regenerado lleno de buenos Espíritus! —dijo Mouzart.

🇺🇸 Oli imagined Jesus with all his friends.
"This is the kingdom of good on Earth, a regenerated world full of good Spirits!" said Mouzart.

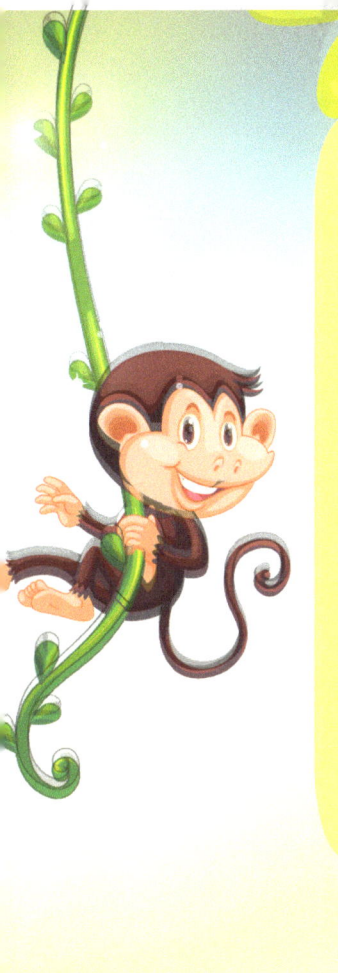

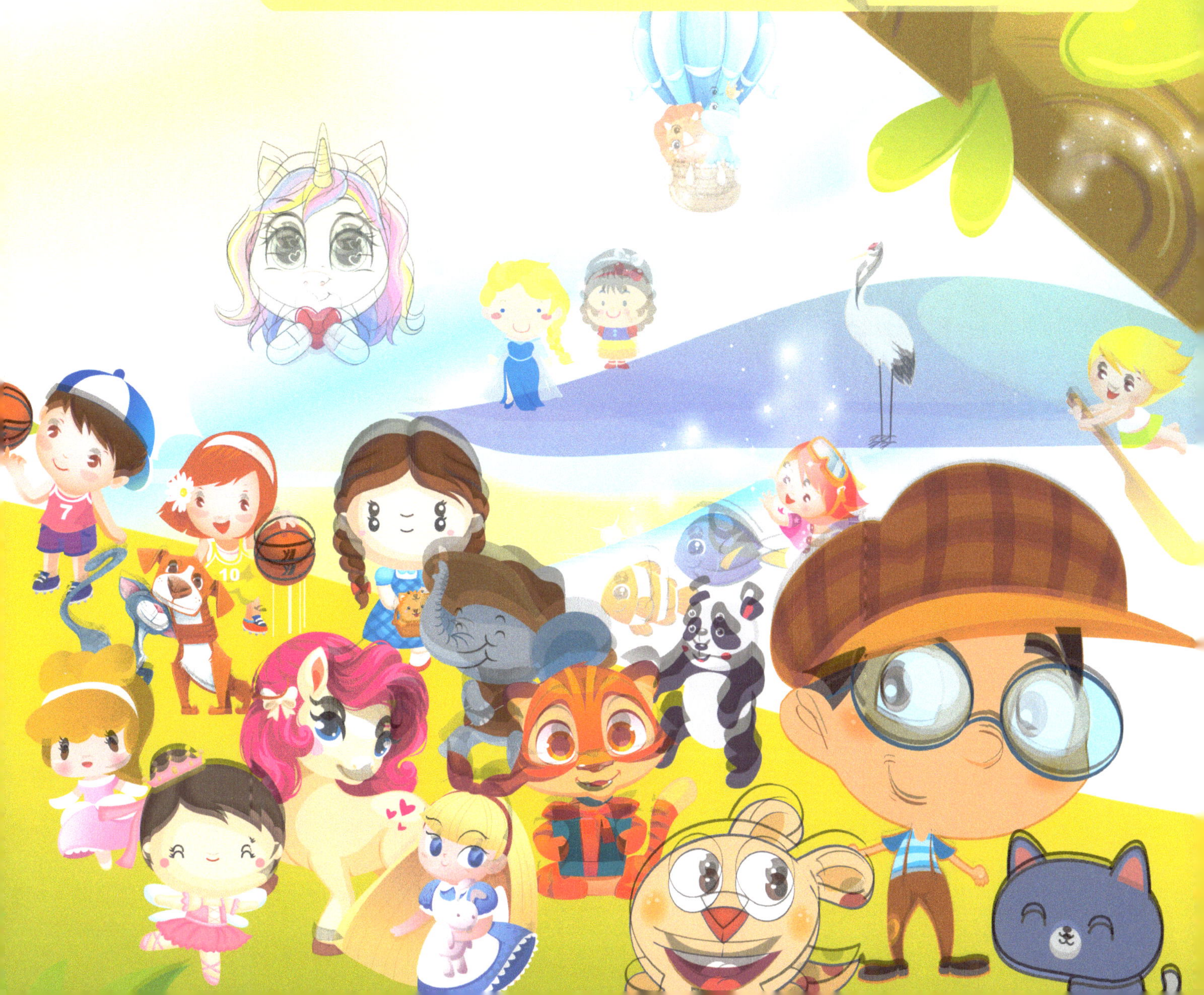

🇧🇷 O ratinho também explicou como os habitantes da Terra estão se transformando: os Espíritos começaram imperfeitos; depois de reencarnar muitas vezes, vão se tornando bons Espíritos, até um dia serem Espíritos Puros.

🇪🇸 El ratoncito también explicó cómo los habitantes de la Tierra se están transformando: los Espíritus comenzaron siendo imperfectos, después de reencarnar muchas veces, se convertirán en buenos Espíritus, hasta que un día sean Espíritus puros.

🇺🇸 The mouse also explained how Earth's inhabitants are changing: Spirits started out imperfect; after reincarnating many times, they become good Spirits, until one day, they become Pure Spirits.

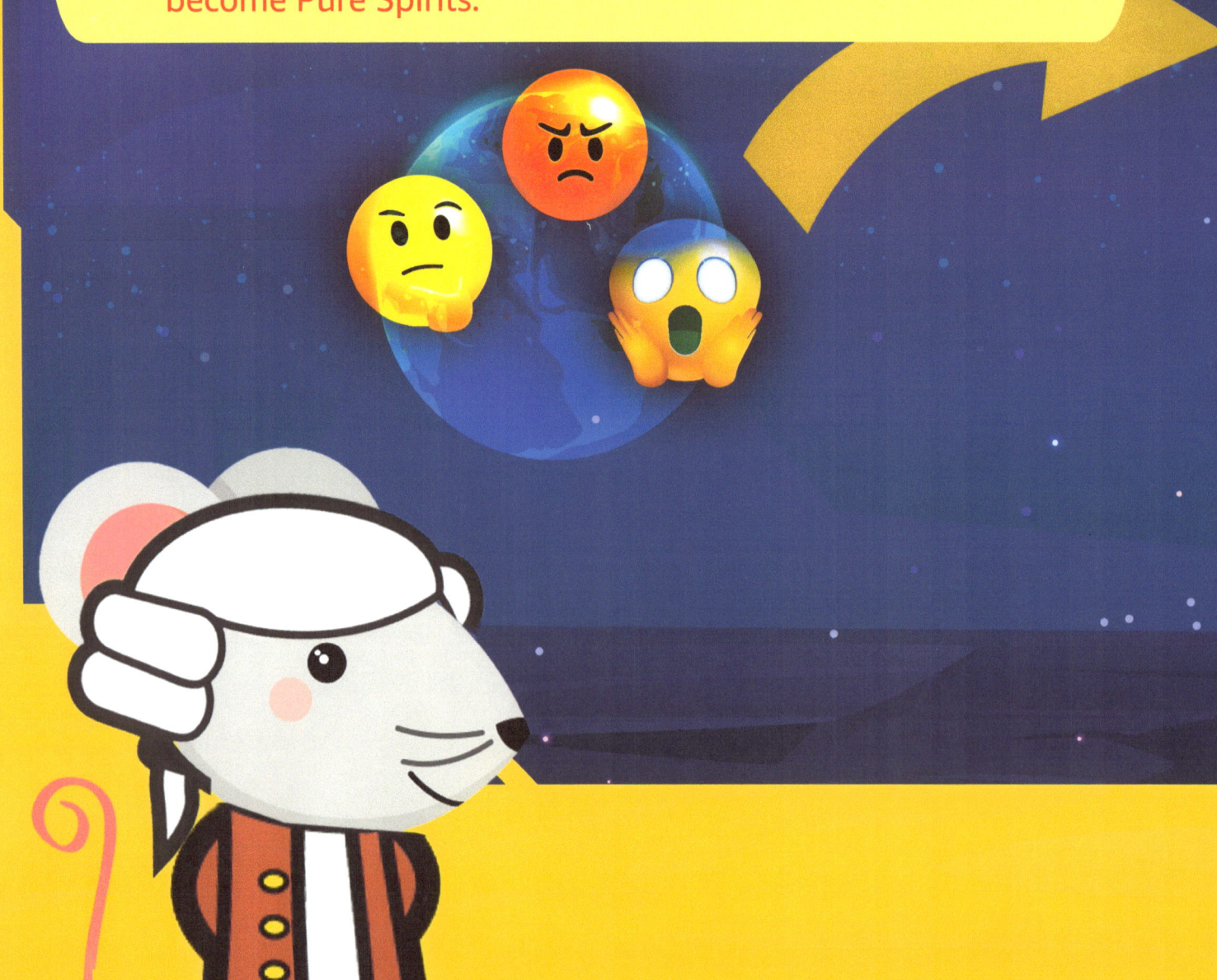

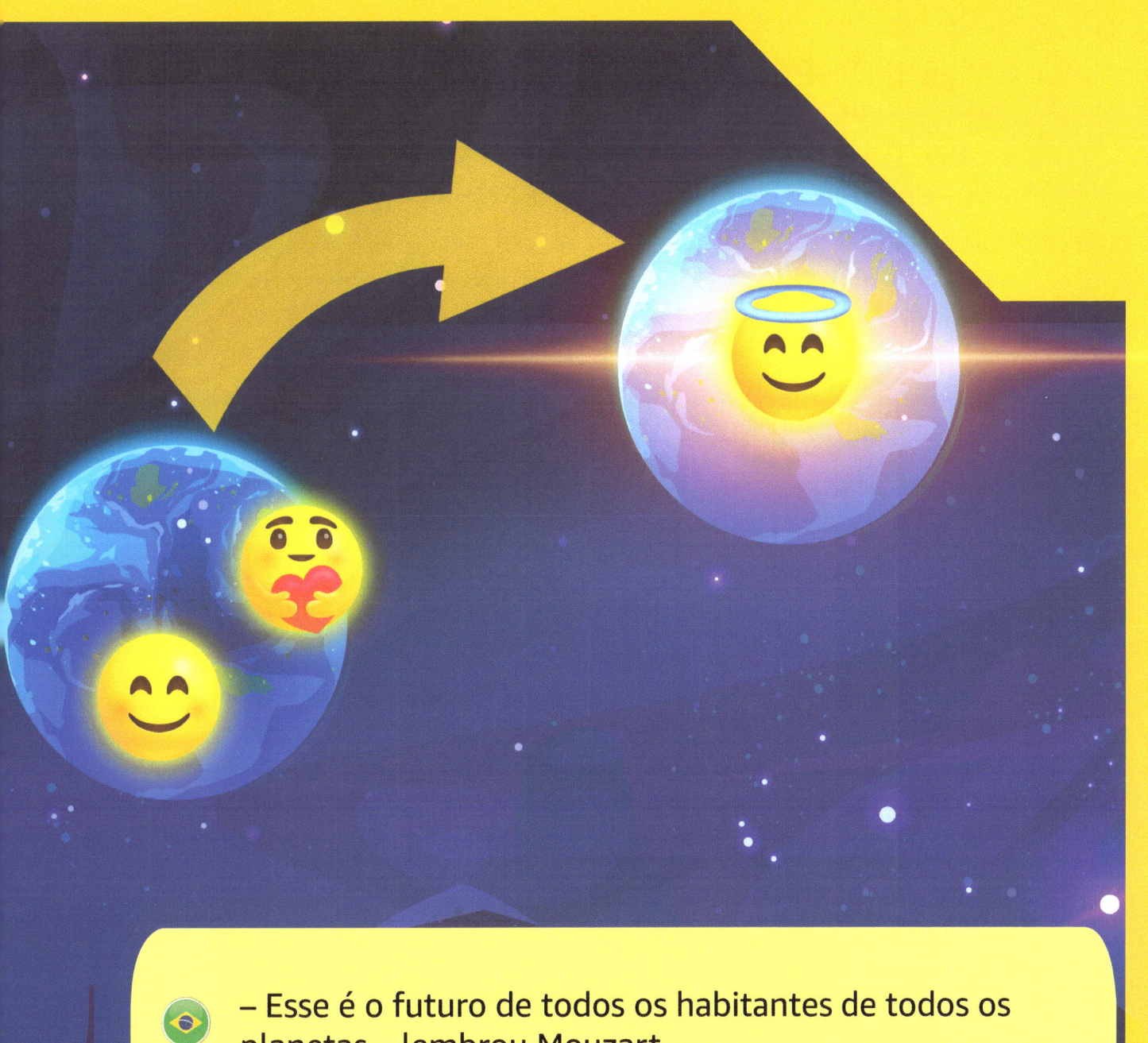

🇧🇷 – Esse é o futuro de todos os habitantes de todos os planetas – lembrou Mouzart.
Lupi e Oli ficaram impressionados em saber que algum dia todas as pessoas terão um coração puro.

🇪🇸 –Este es el futuro de todos los habitantes de todos los planetas –recordó Mouzart.
Lupi y Oli quedaron impresionados al saber que algún día todas las personas tendrán un corazón puro.

🇺🇸 "This is the future of all inhabitants of all planets," Mouzart recalled.
Lupi and Oli were impressed to know that someday all people will have a pure heart.

– Miau, miau! Estou gostando muito desses conhecimentos – disse Oli. – Mas tenho uma pergunta.
– Qual, Oli? – quis saber Mouzart.
– Por que parece que a ação das pessoas más é maior que das pessoas boas?
– Porque as pessoas boas são tímidas, e, às vezes, as maldosas são destemidas – respondeu o ratinho. – Quando os bons tiverem coragem, vencerão!
Oli imaginou dinossauros tímidos tomando coragem para defender seu mundo, e pensou:
"Eu gostaria de vê-los transformados em super-heróis!"

–¡Miau miau! Realmente me está gustando este conocimiento - dijo Oli. –Pero tengo una pregunta.
–¿Cúal, Oli? –preguntó Mouzart.
–¿Por qué parece que las acciones de la gente mala es mayor que la gente buena?
–Porque las personas buenas son tímidas, y a veces las malas no tienen temor –respondió el ratón. –¡Cuando la gente buena tenga coraje, vencerá!
Oli imaginó dinosaurios tímidos que tomaron coraje para defender su mundo y pensó:
–¡Me gustaría verlos transformados en superhéroes!

"Meow meow! I'm really enjoying this information," said Oli. "But I have a question."
"What is it, Oli?" asked Mouzart.
"Why does it seem that the actions of bad people are greater than that of good people?"
"Because good people are shy, and sometimes bad people are fearless," replied the mouse. "When the good ones have courage, they will win!"
Oli imagined shy dinosaurs having the courage to defend their world, and she thought:
"I would like to see them turned into superheroes!"

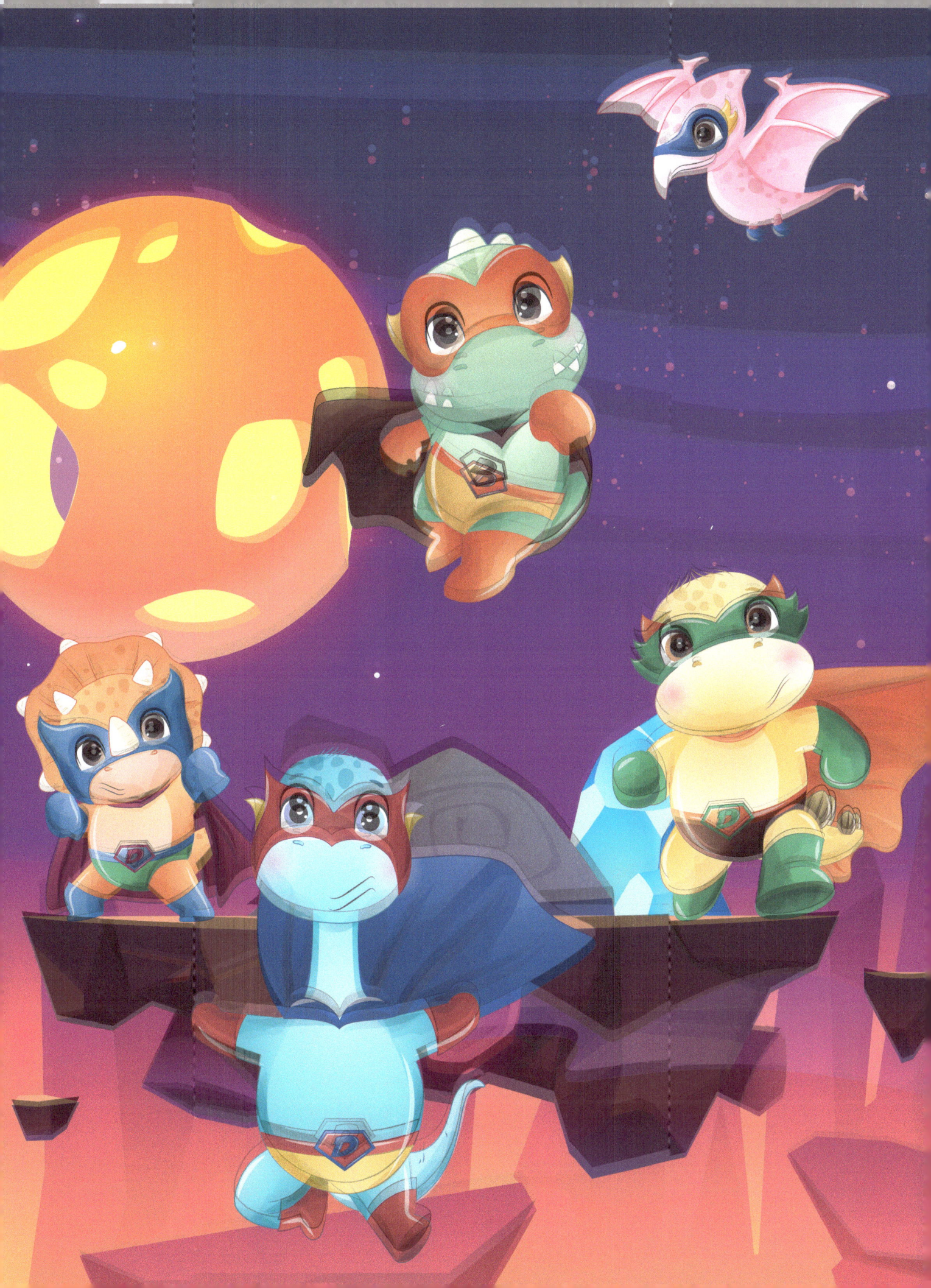

Lupi também tinha uma perguntinha:
– No futuro, o amigo Jesus voltará à Terra?
– Sim, Lupi! Ele voltará no coração das pessoas, quando todos sintirem seu amor – respondeu Mouzart.
– Como assim? – quis saber Lupi.
O ratinho explicou que isso aconteceria quando todos começassem a ter bons sentimentos, amassem a natureza e os animais.
– E como podemos começar a fazer isso? – perguntou Lupi.
– Comecem por não ofender as pessoas que estão perto, e não falem palavrões nem contem mentiras – respondeu Mouzart. – Para merecer viver em mundo melhor, comecem a se transformar desde já.

 Lupi también tenía una pequeña pregunta:
–¿En el futuro, el amigo Jesús regresará a la Tierra?
–¡Sí, Lupi! Regresará en el corazón de la gente, cuando todos sientan su amor –respondió Mouzart.
–¿Como asi? –quiso saber Lupi.
El ratón explicó que esto sucederá cuando todos comiencen a tener buenos sentimientos, amen la naturaleza y a los animales.
–¿Y cómo podemos empezar a hacer eso? –preguntó Lupi.
–Empieza por no ofender a los que te rodean, y no hablen malas palabras ni digan mentiras –respondió Mouzart. –Para merecer vivir en un mundo mejor, empiecen a transformarse desde ahora.

 Lupi also had a question:
"In the future, will the friend Jesus return to Earth?"
"Yes, Lupi! He will return in people's hearts when everyone feels his love," replied Mouzart.
"How so?" Lupi wanted to know.
The mouse explained that this would happen when everyone started having good feelings and loving nature and animals.
"And how can we start doing that?" asked Lupi.
"Start by not offending those around you, and don't swear or tell lies," replied Mouzart. "To deserve to live in a better world, start transforming yourself now."

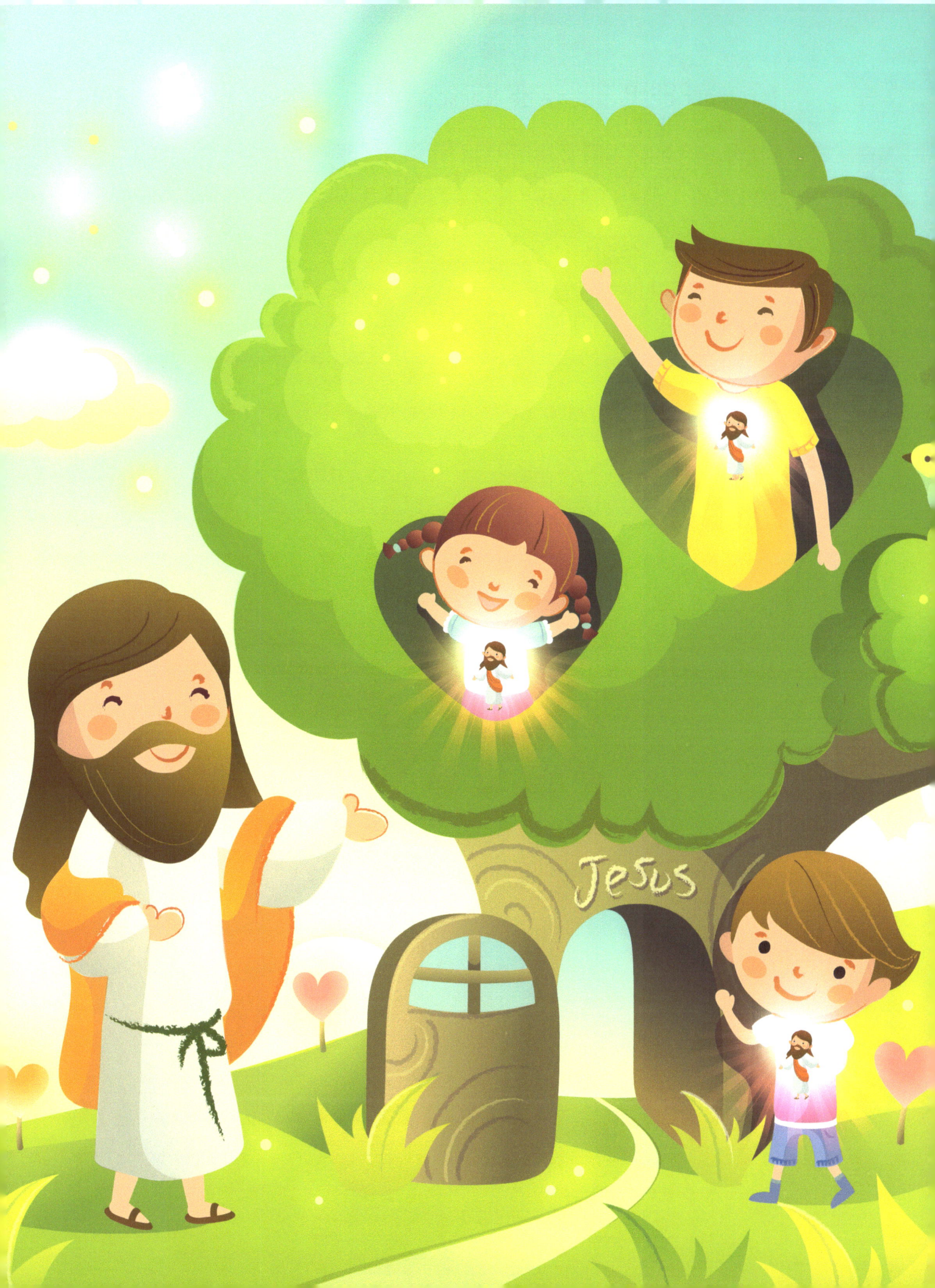

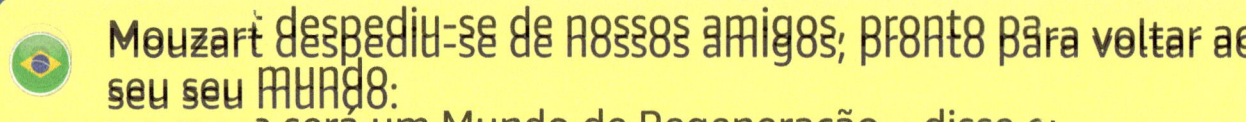 Mouzart despediu-se de nossos amigos, pronto para voltar ao seu mundo:
– A Terra será um Mundo de Regeneração – disse ele – com a transformação de cada um de seus habitantes!

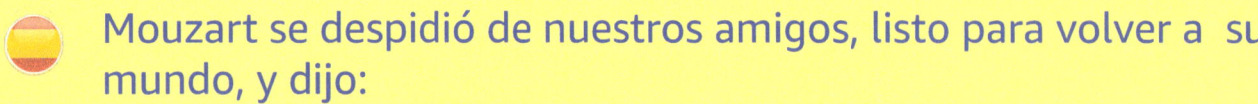 Mouzart se despidió de nuestros amigos, listo para volver a su mundo, y dijo:
–¡La Tierra será un Mundo de Regeneración, con la transformación de cada uno de sus habitantes!

Mouzart said goodbye to our friends, ready to return to his world.
"The Earth will be a World of Regeneration," he said, "with the transformation of each one of its inhabitants!"

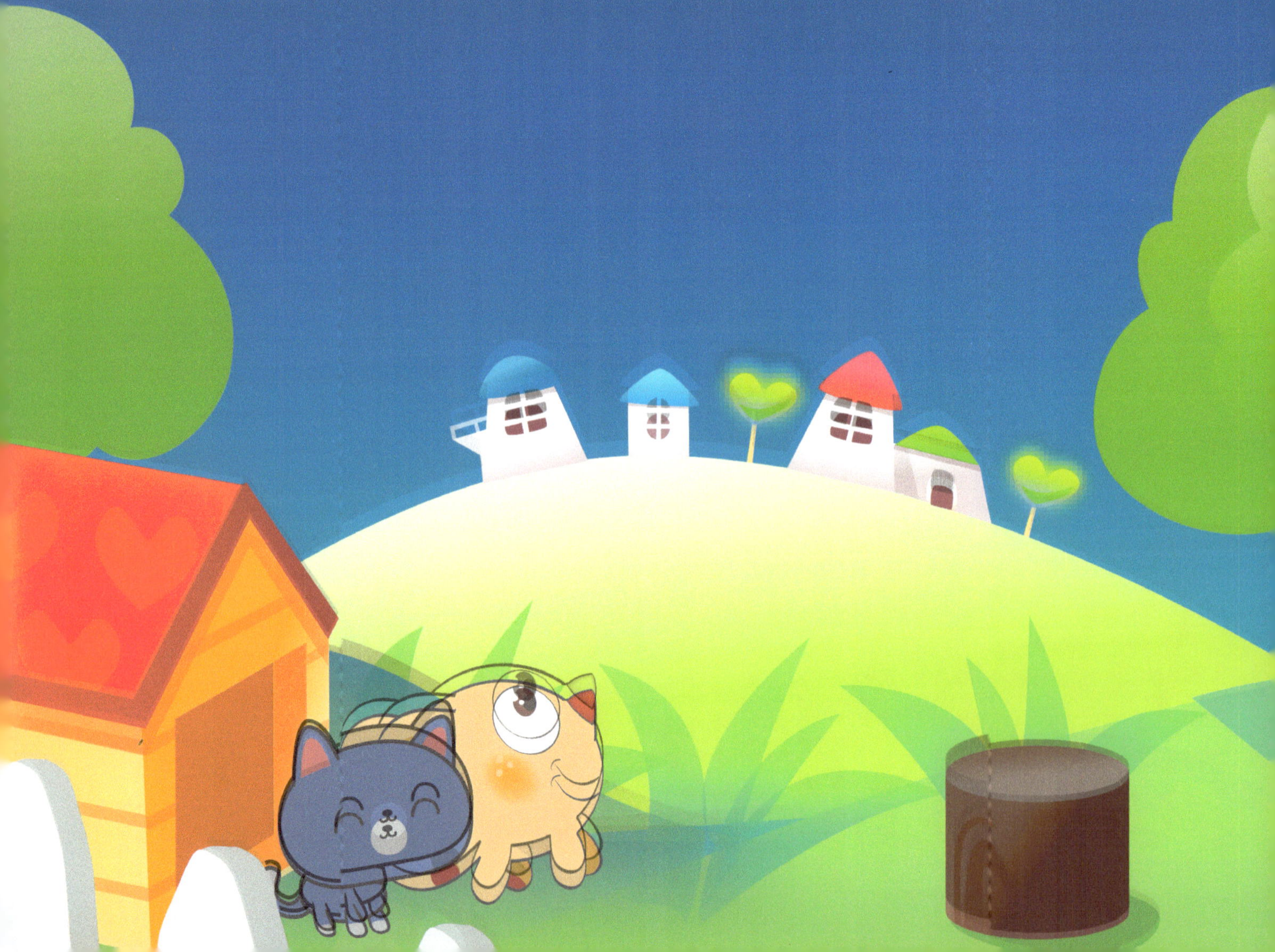

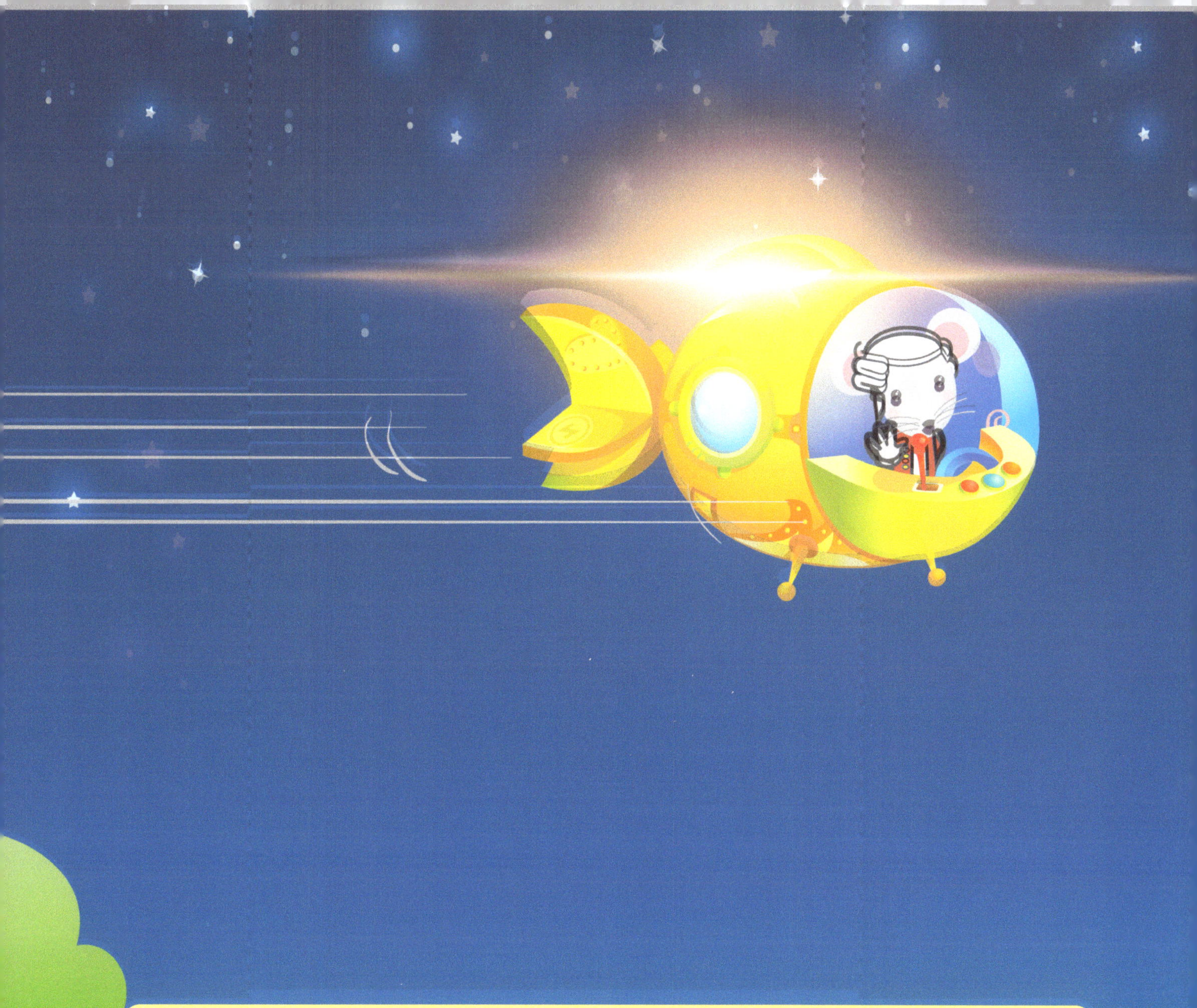

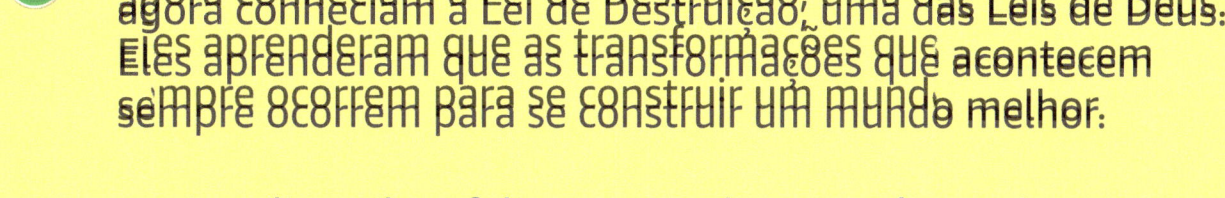

🇧🇷 Lupi e Oli ficaram felizes e não tiveram mais medo, pois agora conheciam a Lei de Destruição, uma das Leis de Deus. Eles aprenderam que as transformações que acontecem sempre ocorrem para se construir um mundo melhor.

🇪🇸 Lupi y Oli estaban felices y no tubieran más miedo, ya que ahora conocían la Ley de Destrucción, una de las Leyes de Dios. ¡Aprendieron que las transformaciones que se producen siempre pasan para construir un mundo mejor.

🇺🇸 Lupi and Oli were happy and no longer afraid, as they now knew the Law of Destruction, one of God's Laws. They learned that transformations always occur to build a better world.

Glossário

Destruição: Lei da Natureza, ou Lei de Deus, que permite que tudo se transforme, se renove ou se regenere.
Mouzart: adaptação divertida do nome **Wolfgang Amadeus Mozart** (1756-1791), um dos compositores mais importantes da história. Em 1855 foram recebidas informações espirituais sobre Mozart, que revelaram sua vida em Júpiter.
Transformação: tornar algo uma coisa diferente.

 # Glosario

Destrucción: Ley de la Naturaleza, o Ley de Dios, que permite que todo se transforme, se renueve o se regenere.
Mouzart: adaptación divertida del nombre **Wolfgang Amadeus Mozart** (1756-1791), uno de los compositores más importantes de la historia. En 1855 se recibió información espiritual sobre Mozart, que revelaron su vida en Júpiter.
Transformación: convertir algo una cosa diferente.

 # Glossary

Destruction: Law of Nature, or Law of God, which allows everything to be transformed, renewed, or regenerated.
Mouzart: fun adaptation of **Wolfgang Amadeus Mozart's** name (1756-1791), one of the most important composers in history. In 1855, spiritual information received about Mozart revealed his life on Jupiter.
Transformation: change something into a different thing.

 Mais informações sobre a Lei de Destruição em:
1. KARDEC, Allan. *O Livro dos Espíritos*. Questões 728-765 e 1019.

 Más informaciones sobre la Ley de Destrucción en:
1. KARDEC, Allan. *El Libro de los Espíritos*. Preguntas 728-765 y 1019.

 More information about Destruction Law:
1. KARDEC, Allan. *The Spirits' Book*. Questions 728-765 and 1019.

Mais informações sobre o autor:
Más informaciones sobre el autor:
More information about the author:

www.luishu.com

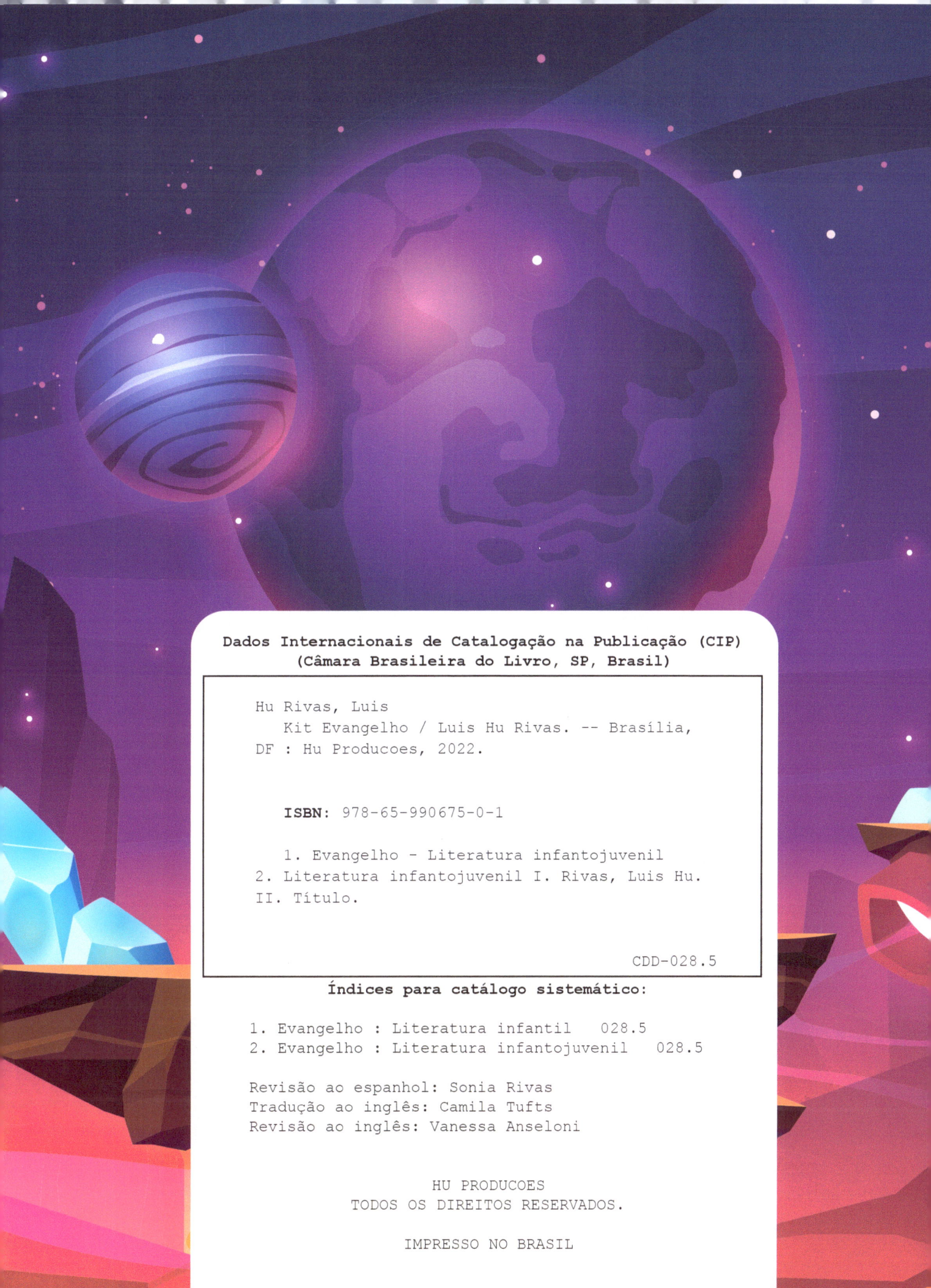

Dados Internacionais de Catalogação na Publicação (CIP)
(Câmara Brasileira do Livro, SP, Brasil)

Hu Rivas, Luis
    Kit Evangelho / Luis Hu Rivas. -- Brasília, DF : Hu Producoes, 2022.

   ISBN: 978-65-990675-0-1

   1. Evangelho - Literatura infantojuvenil 2. Literatura infantojuvenil I. Rivas, Luis Hu. II. Título.

CDD-028.5

Índices para catálogo sistemático:

1. Evangelho : Literatura infantil   028.5
2. Evangelho : Literatura infantojuvenil   028.5

Revisão ao espanhol: Sonia Rivas
Tradução ao inglês: Camila Tufts
Revisão ao inglês: Vanessa Anseloni

HU PRODUCOES
TODOS OS DIREITOS RESERVADOS.

IMPRESSO NO BRASIL

Consegue encontrar as imagens?
¿Puedes encontrar las imágenes?
Can you find the images?

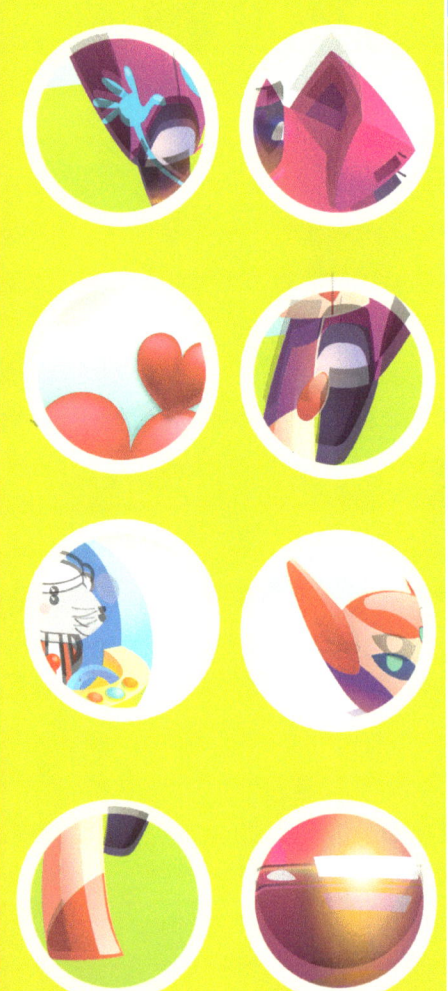
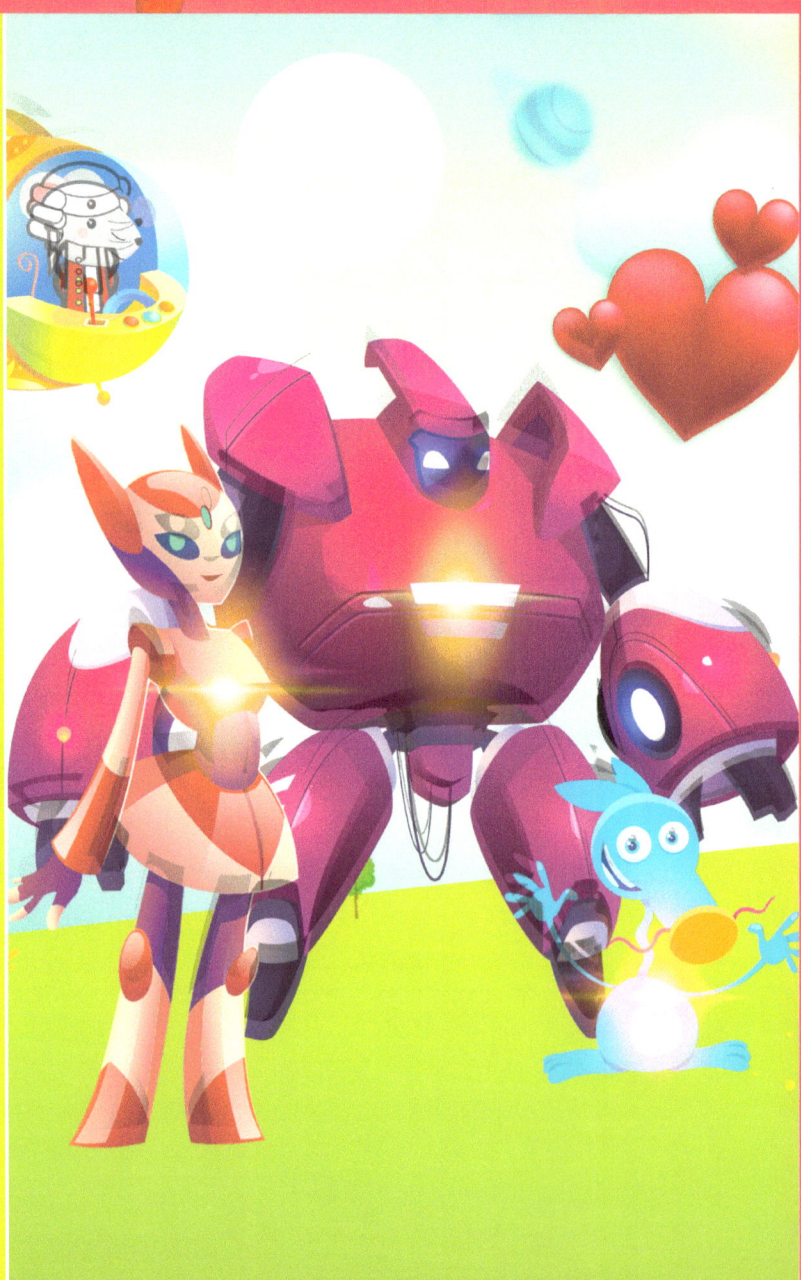

Labirinto - Laberinto - Maze

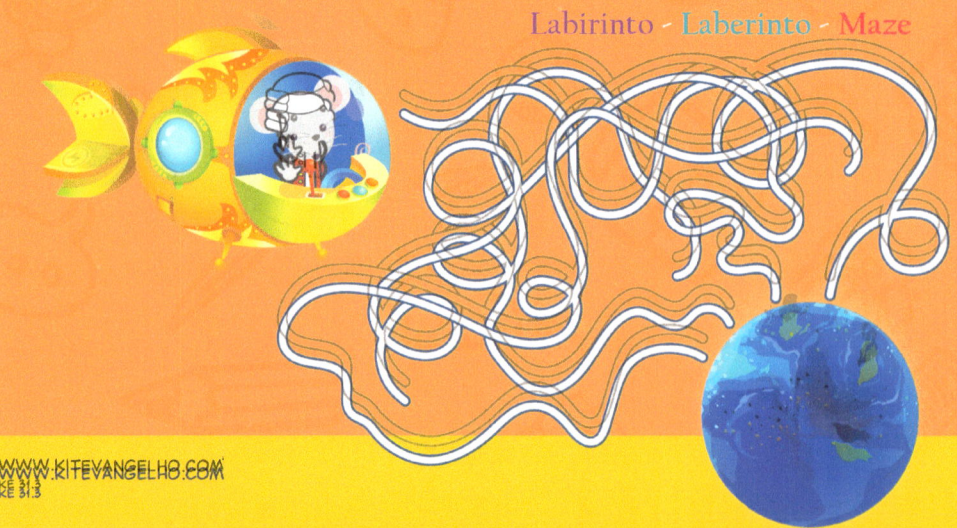

WWW.KITEVANGELHO.COM

Observe os desenhos e encontre as DEZ diferenças existentes entre eles.
Mira los dibujos y encuentre las 10 diferencias entre ellos.
Look at the drawings and find the 10 differences between them.

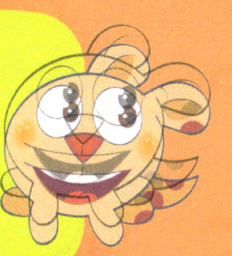

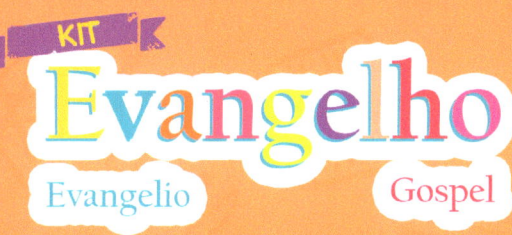

KIT
Evangelho
Evangelio   Gospel

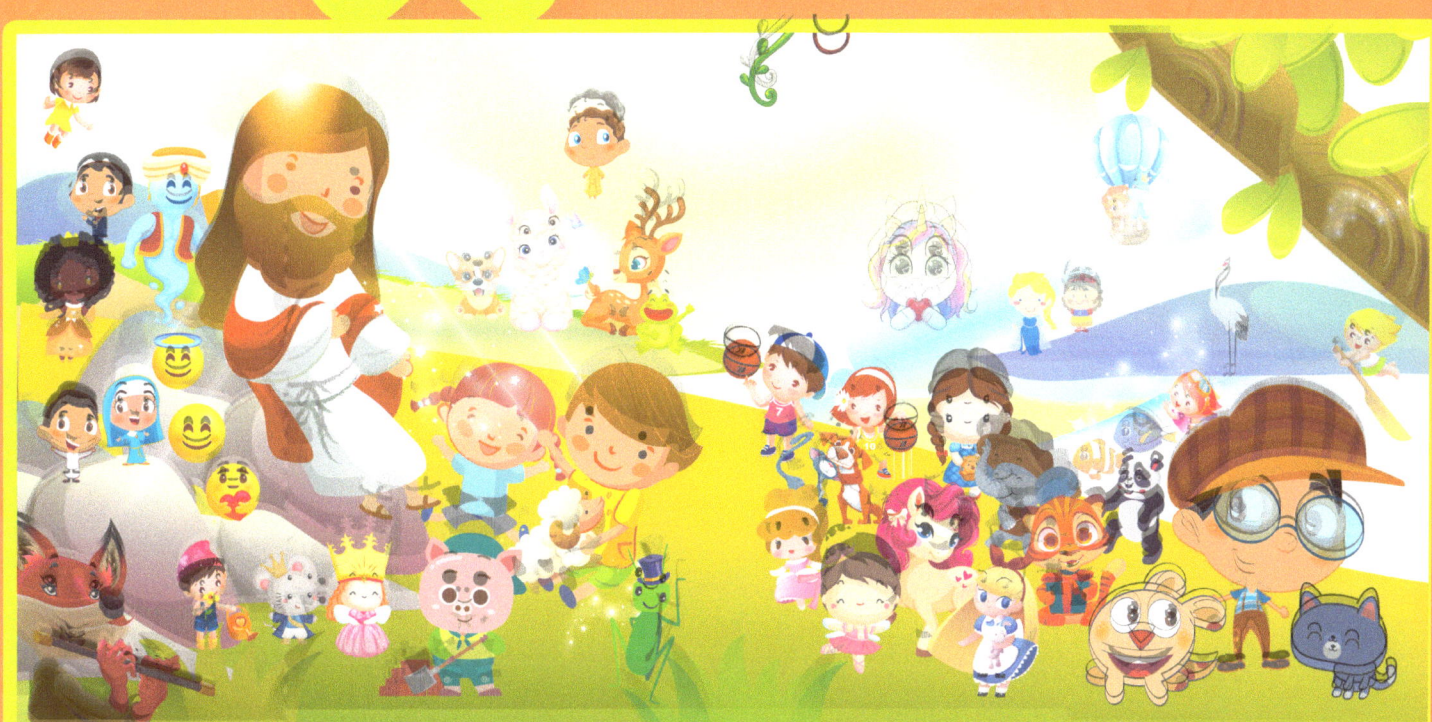

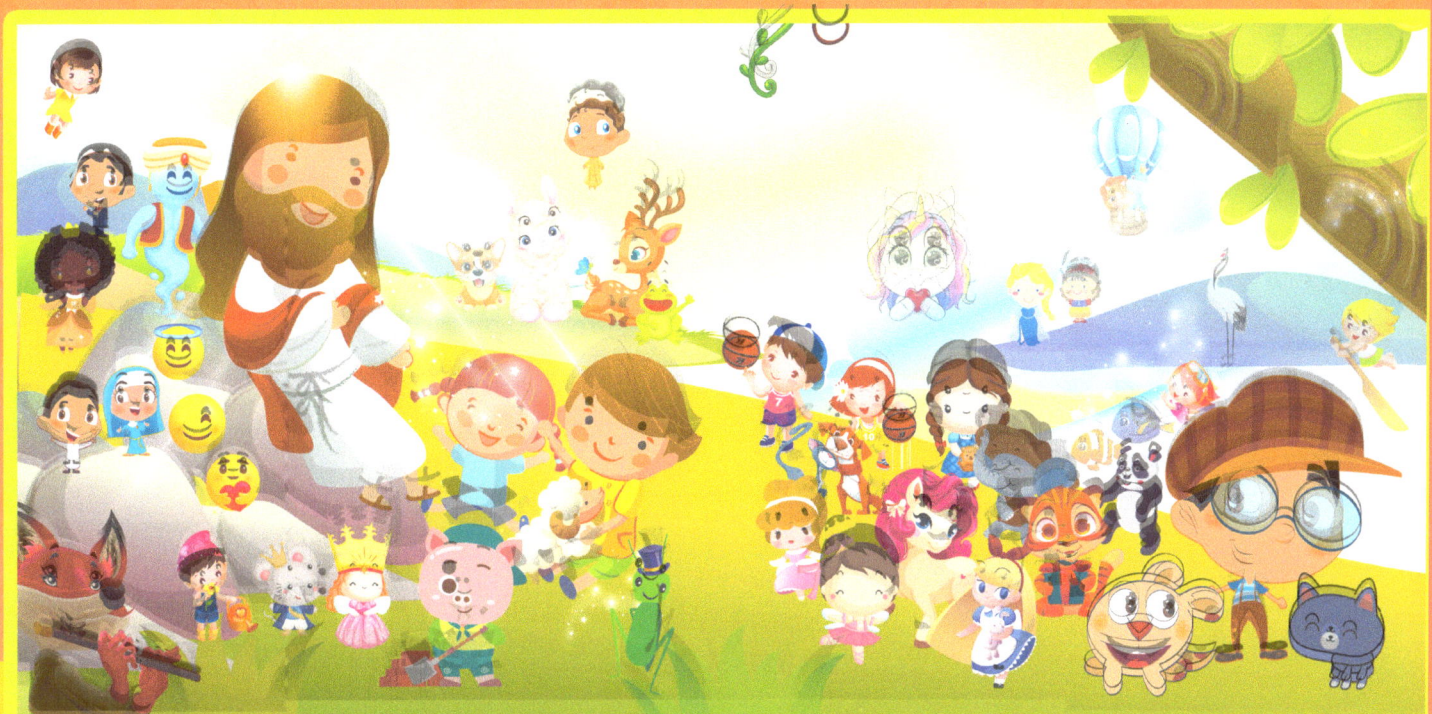

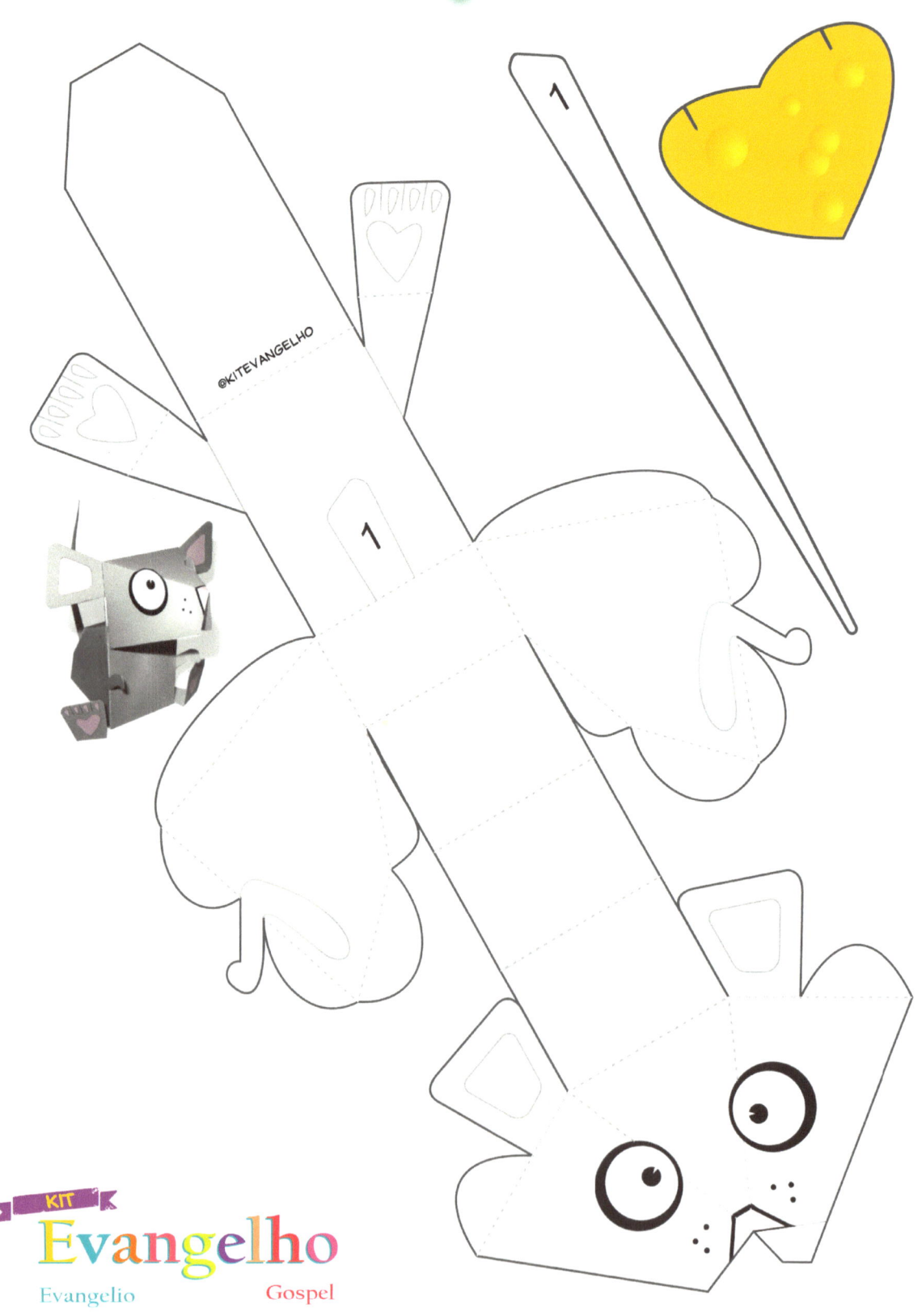

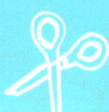

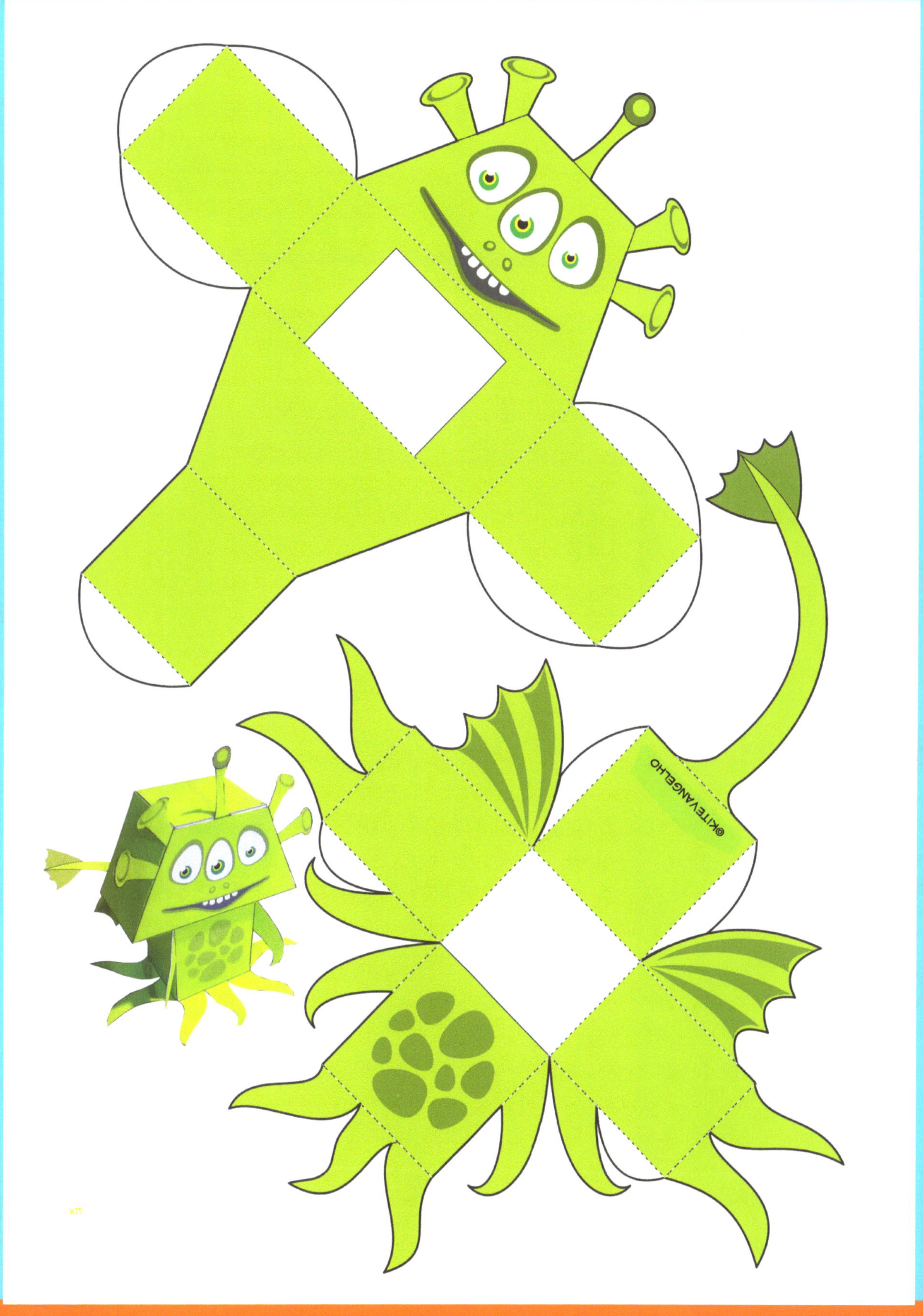

WWW.KITEVANGELHO.COM
KE 31.5

KIT Evangelho
Evangelio — Gospel

> A Lei de Destruição permite que tudo se transforme.
> La Ley de Destrucción permite que todo se transforme.
> The the Law of Destruction allows everything to be transformed.

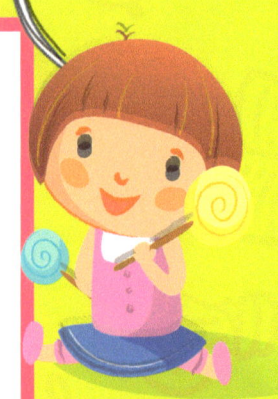

Copie o desenho - Copia el dibujo - Copy the picture.

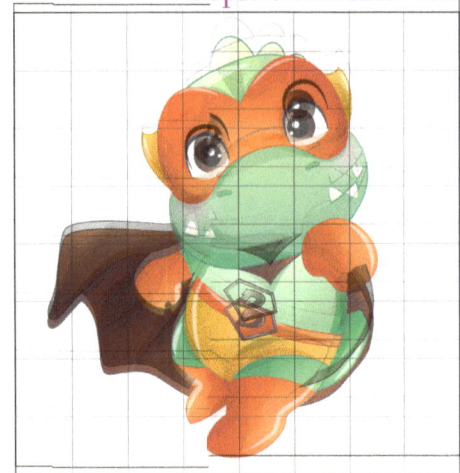
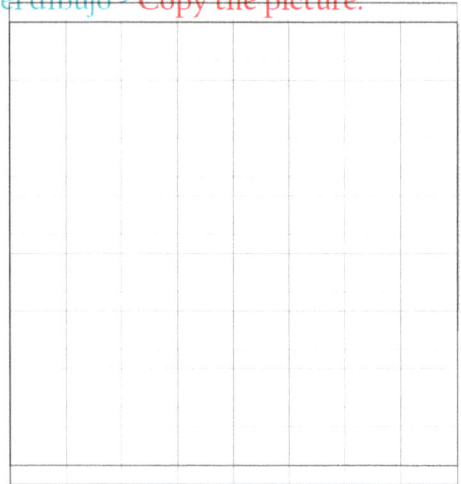

Colorir - Colorear - Color

Qual será o nome do amigo de Lupi?
¿Cómo se llama el amigo de Lupi?
What's the name of Lupi's friend?

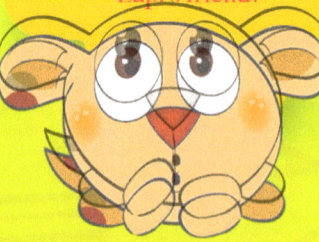

Nome:
Nombre:
Name:

www.kitevangelho.com
KE 31.1

Caça-palavras - Pupiletras - Word search

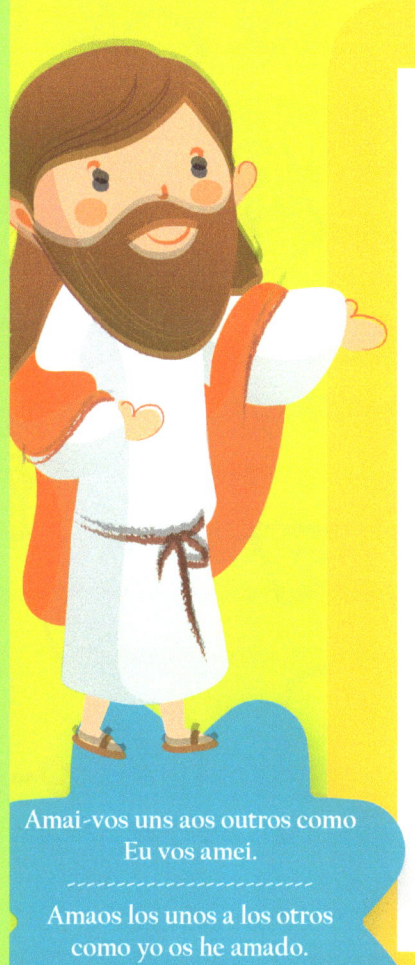

Amai-vos uns aos outros como Eu vos amei.

Amaos los unos a los otros como yo os he amado.

Love one another as I have loved you.

```
R B E T A R E N E G E R
A B B A R E N E G E N E
R B E S T R U C C I O N
E I S A R I V B I D A R
N B T R M E R T A S C E
E E R B B T I Z A I G
G B U S N B R B Q I U E
E N C H I A R N R R R
R H T E B C H A U C T E
W H I R V B N I A Y S R
E E B R B B U C C I E A
N I N R N U E V O R D R
```

🇧🇷
DESTRUIÇÃO
NOVO
REGENERAR

🇪🇸
DESTRUCCIÓN
NUEVO
REGENERAR

🇺🇸
DESTRUCTION
NEW
REGENERATE

Devemos amar e cuidar de todos os seres.
Debemos amar y cuidar de todos los seres.
We must love and take care of all beings.

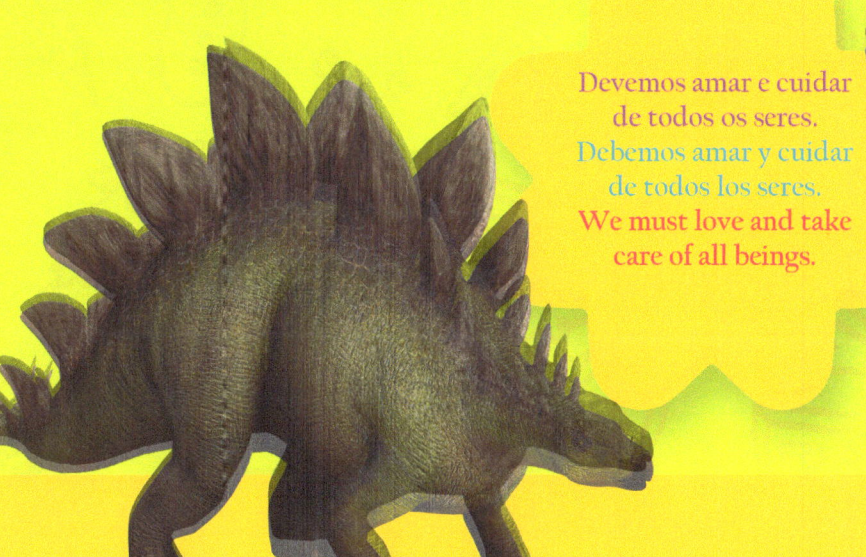
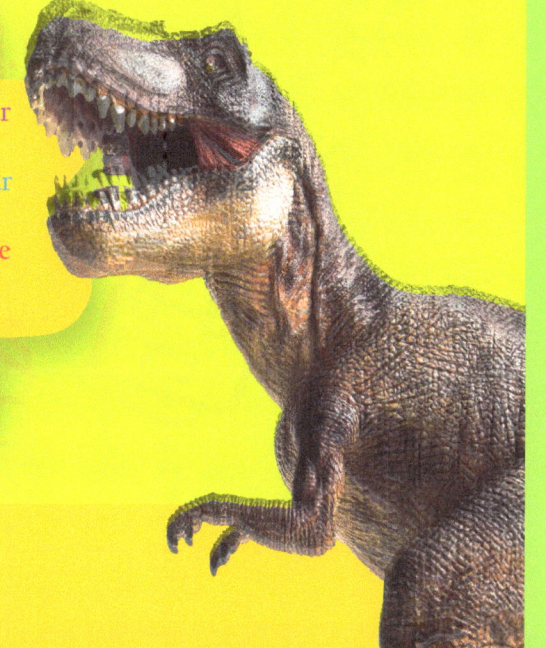

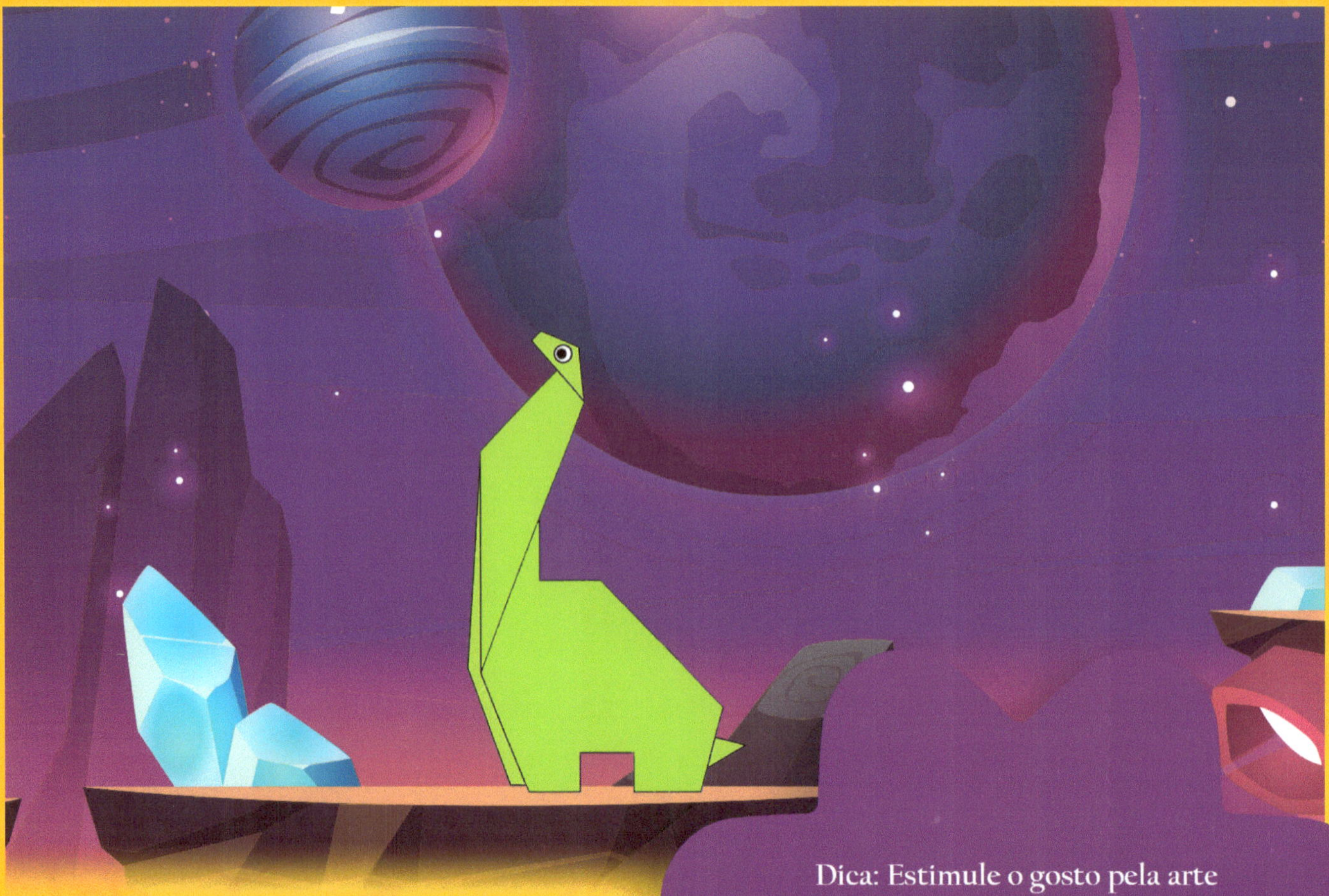

🇧🇷 **VAMOS FAZER DINOSSAUROS EM ORIGAMI**

Venha aprender a fazer bichinhos com dicas e passo a passo dessa incrível arte milenar japonesa.

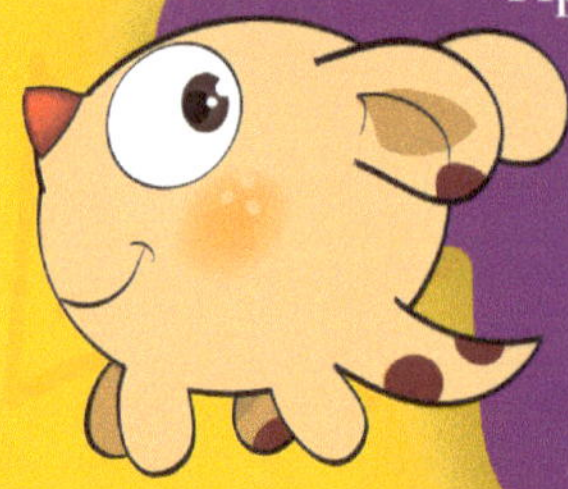

🇪🇸 **HAGAMOS DINOSAURIOS DE ORIGAMI**

Ven a aprender cómo hacer animalitos con consejos y paso a paso de este increíble arte antiguo japonés.

🇺🇸 **LET'S MAKE ORIGAMI DINOSAURS**

Come learn how to make animals with tips and step by step this incredible ancient Japanese art.

Dica: Estimule o gosto pela arte em seus filhos.

Consejo: Fomente el gusto por el arte en sus hijos.

Tip: Encourage a taste for art in your children.

DINOSSAURO
DINOSAURIO
DINOSAUR

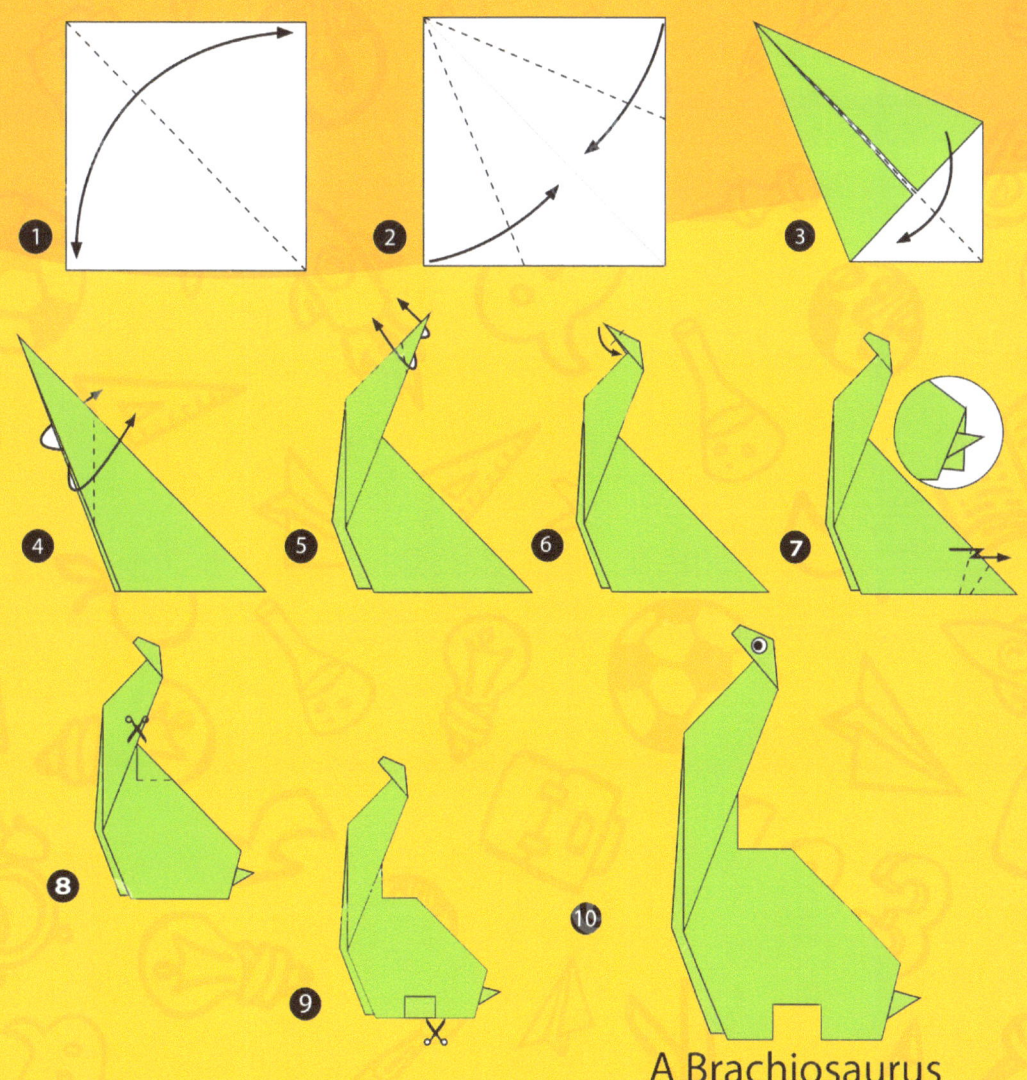

A Brachiosaurus

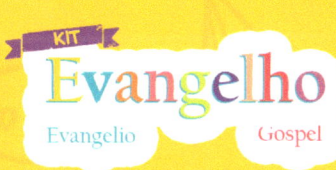

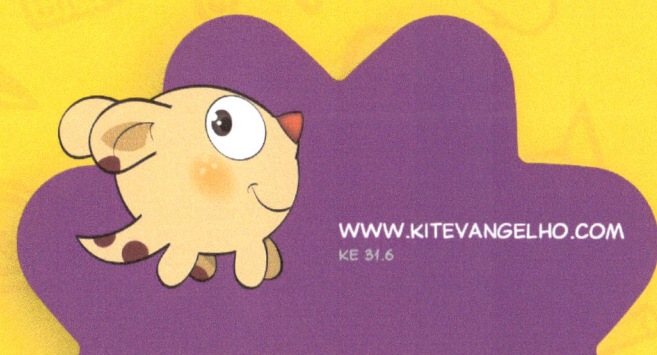

WWW.KITEVANGELHO.COM
KE 31.6

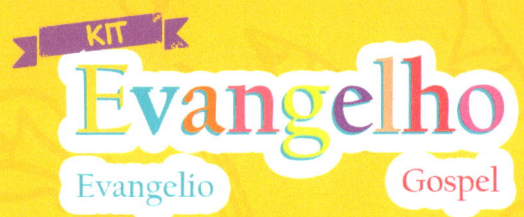
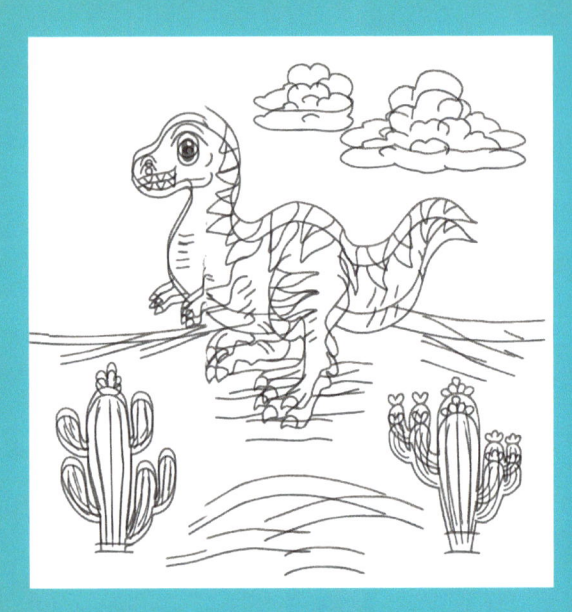
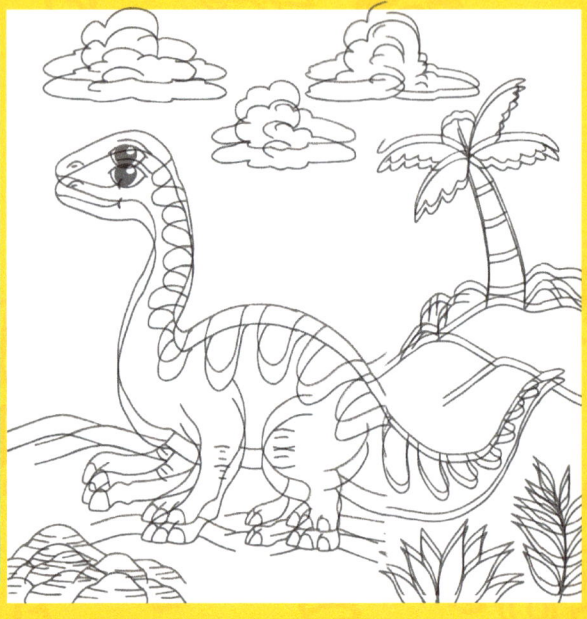
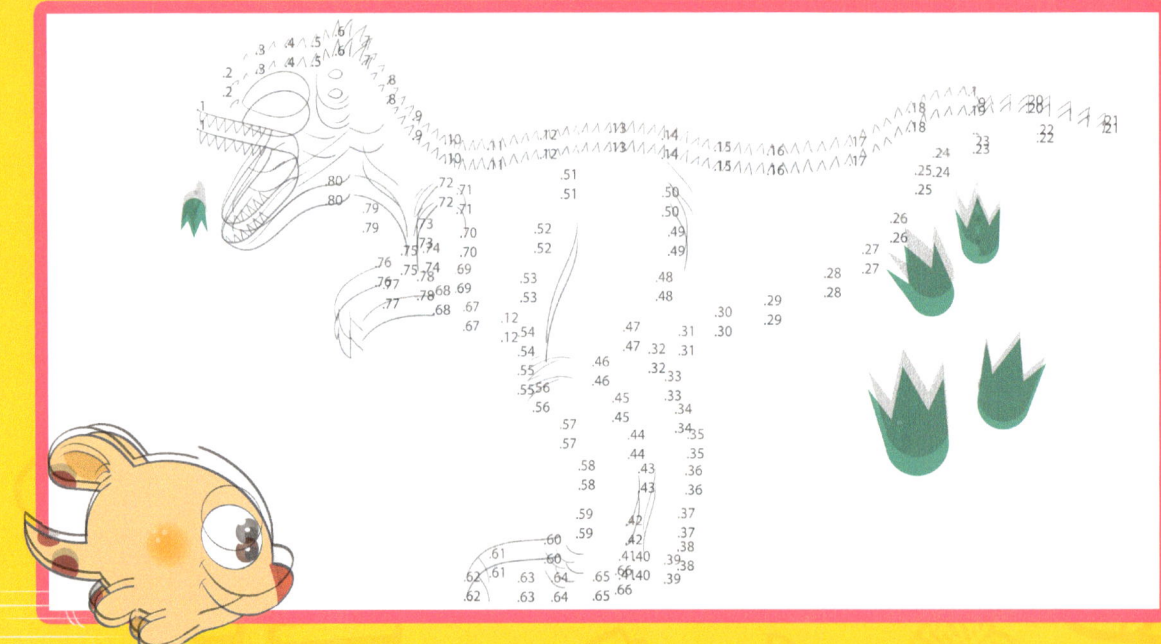

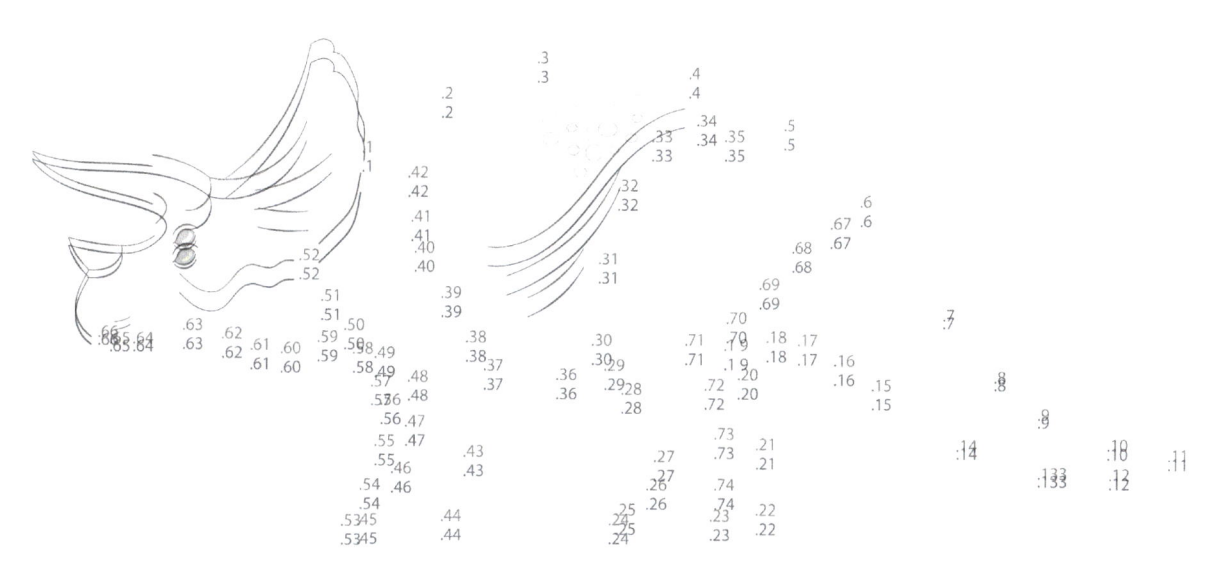

Colorir - Colorear - Color

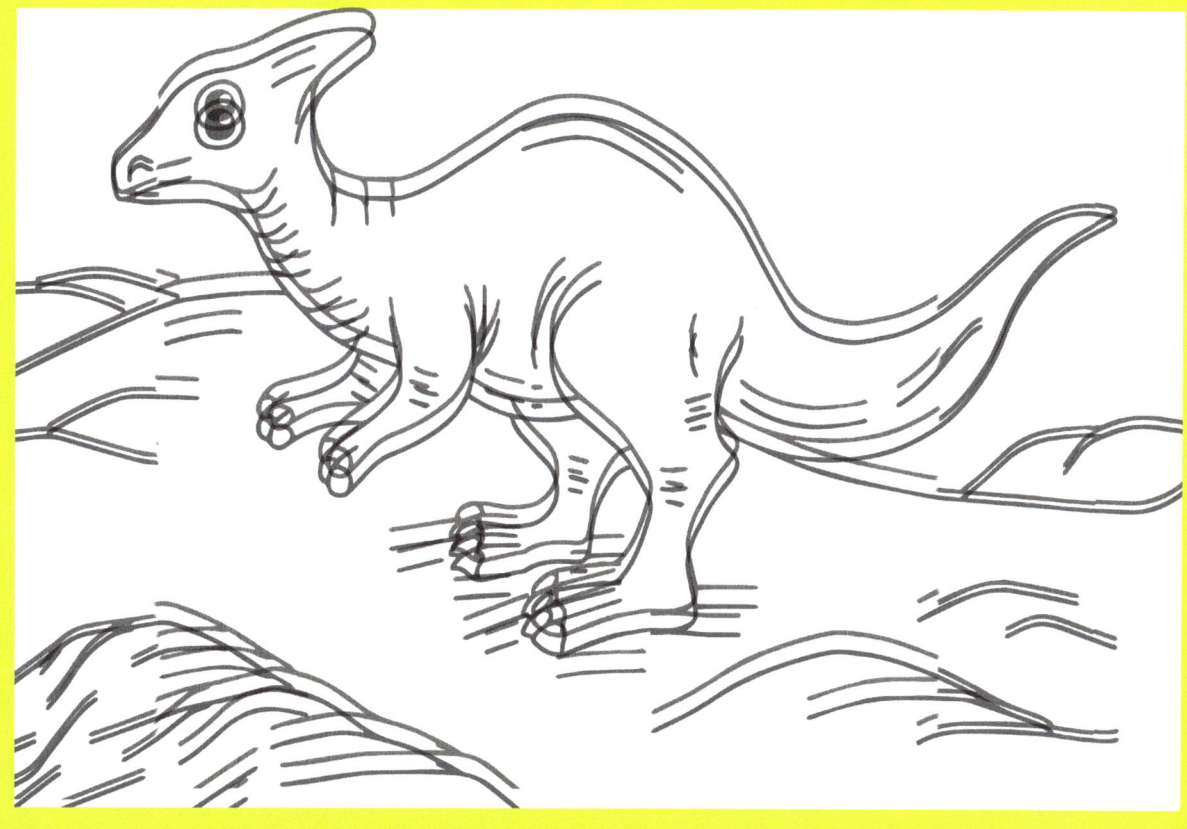

- Use sua imaginação e preencha os espaços.
- Usa tu imaginación y completa los espacios.
- Use your imagination and fill in the blanks.

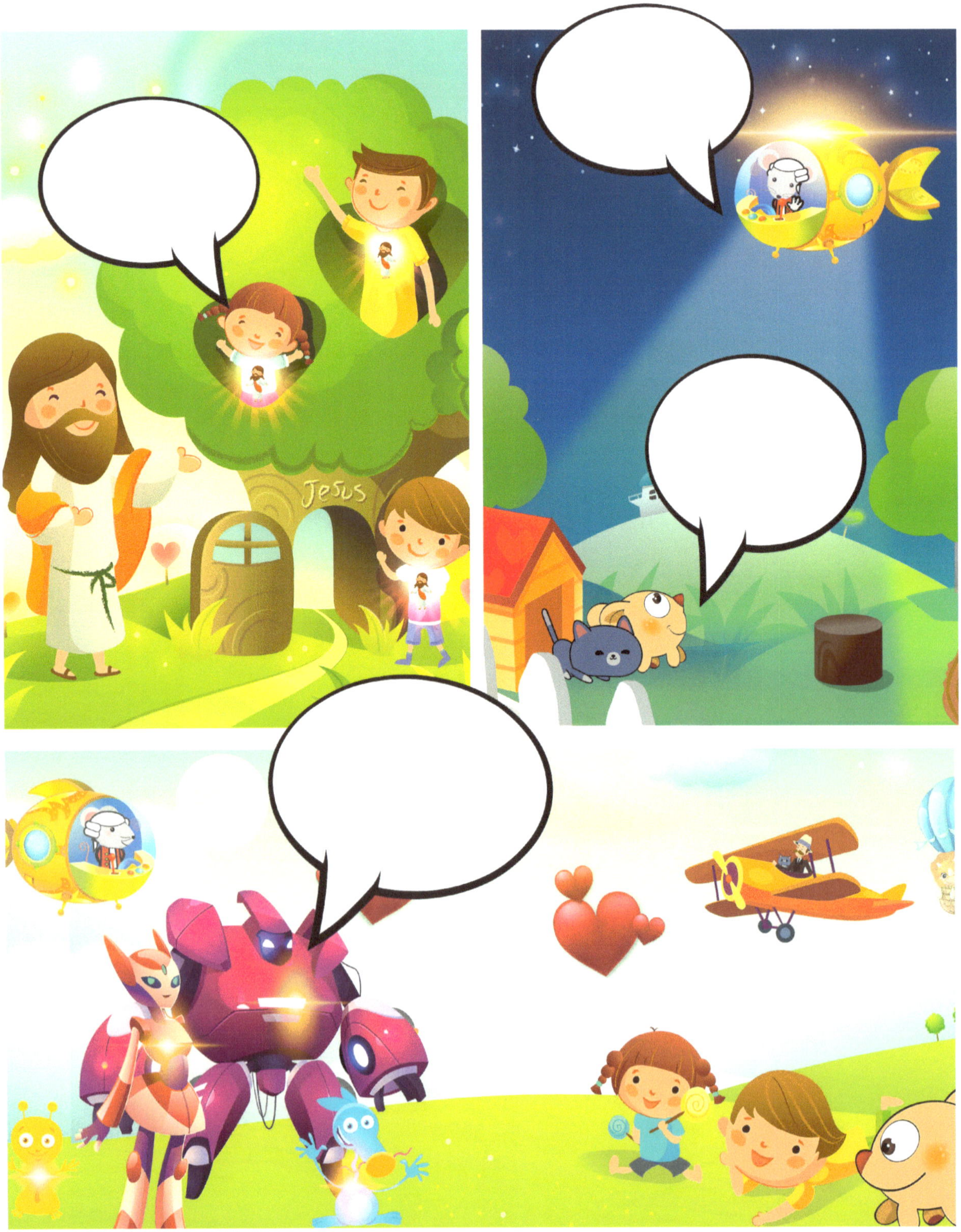

KIT Evangelho
Evangelio Gospel

Crie seu conto sobre destruição.
Crea tu cuento sobre la destrucción.
Create your own Spiritual Destruction' tale.

Use sua imaginação e preencha os espaços.
Usa tu imaginación y completa los espacios.
Use your imagination and fill in the blanks.

ERA UMA VEZ UNS DINOSSAUROS CUJOS NOMES ERAM:
ÉRASE UNA VEZ UNOS DINOSAURIOS CUYOS NOMBRES ERAN:
ONCE UPON A TIME THERE WERE DINOSAURS WHOSE NAMES WERE:

ELES TINHAM MEDO DE:
ELLOS TENÍAN MIEDO DE:
THEY WERE AFRAID OF:

UM DINOSSAURO VALENTE CHEGOU E DISSE:
VINO UN VALIENTE DINOSAURIO Y DIJO:
A BRAVE DINOSAUR CAME AND SAID:

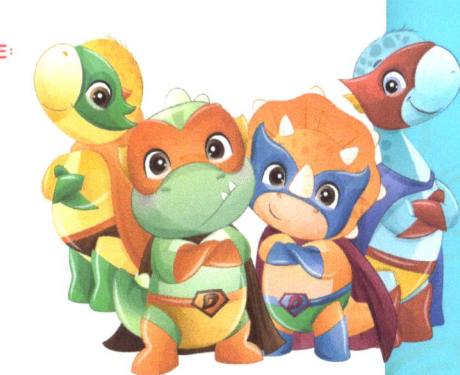
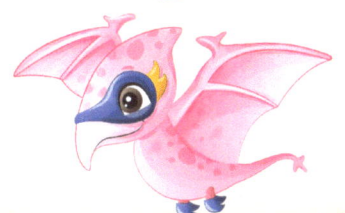

CONTINUE O CONTO:
CONTINÚA EL CUENTO:
CONTINUE THE TALE:

AGORA QUE ELES CONHECERAM A LEI DE DESTRUIÇÃO, ELES PENSARAM:
AHORA QUE CONOCIERON LA LEY DE LA DESTRUCCIÓN, PENSARON:
NOW THAT THEY KNOW THE LAW OF DESTRUCTION, THEY THOUGHT:

DESENHE AQUI SEU DINOSSAURO FELIZ
DIBUJA AQUÍ TU DINOSAURIO FELIZ
DRAW HERE YOUR HAPPY DINOSAUR

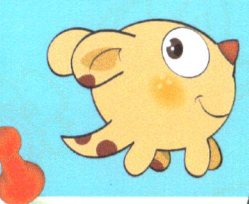
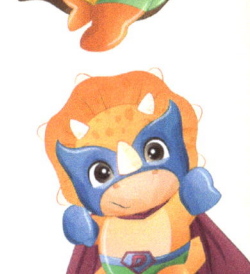
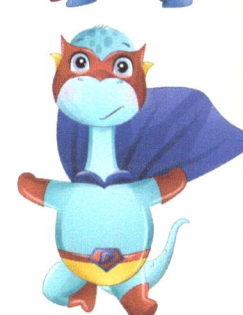

FIM - FIN - THE END

Complete sua coleção / Completa tu colección / Co...

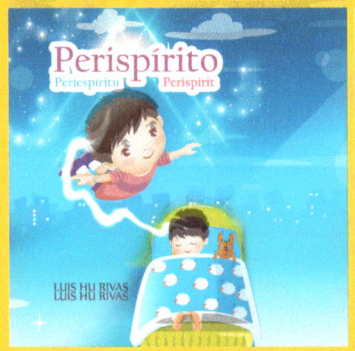 Perispírito / Periespíritu / Perispirit
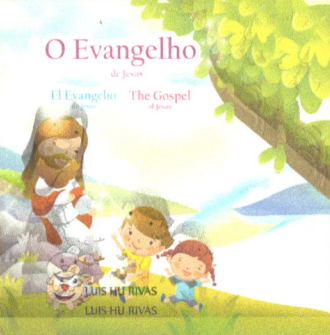 O Evangelho de Jesus / El Evangelio de Jesús / The Gospel of Jesus
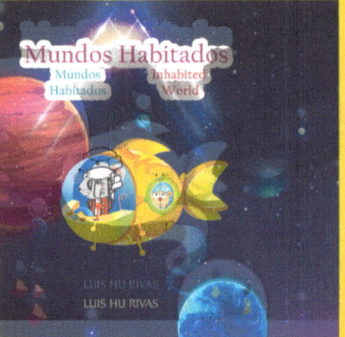 Mundos Habitados / Mundos Habitados / Inhabited World
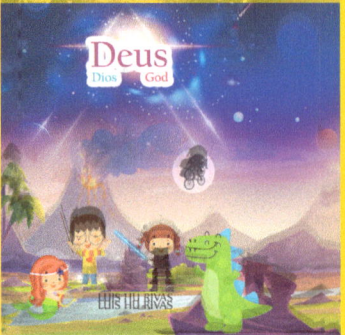 Deus / Dios / God
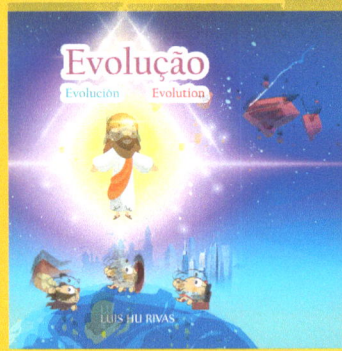 Evolução / Evolución / Evolution
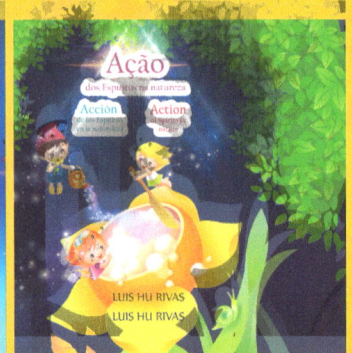 Ação dos Espíritos na natureza / Acción / Action
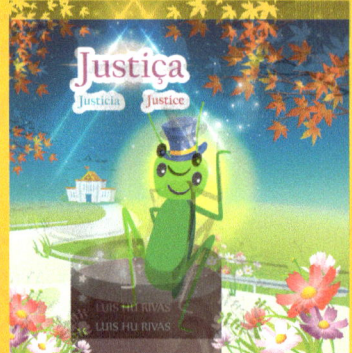 Justiça / Justicia / Justice
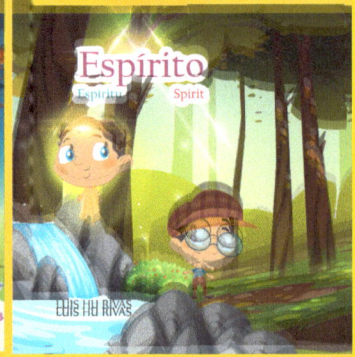 Espírito / Espíritu / Spirit
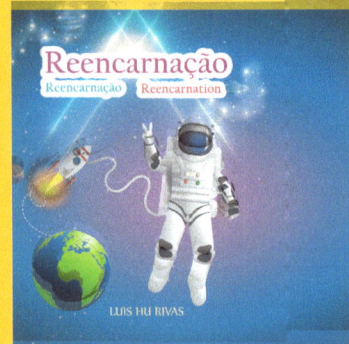 Reencarnação / Reencarnación / Reencarnation
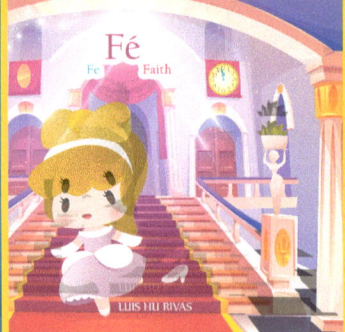 Fé / Fe / Faith
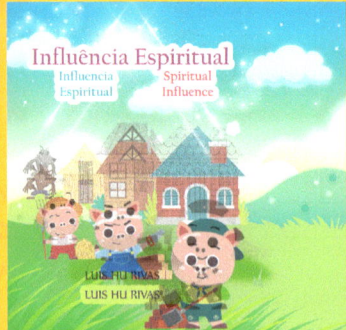 Influência Espiritual / Influencia Espiritual / Spiritual Influence
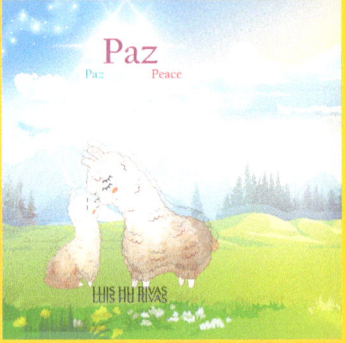 Paz / Paz / Peace
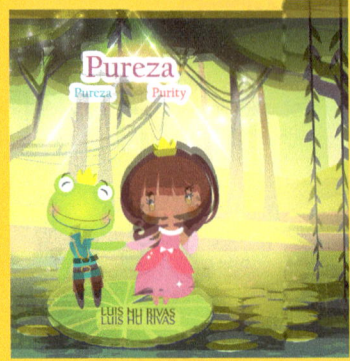 Pureza / Pureza / Purity
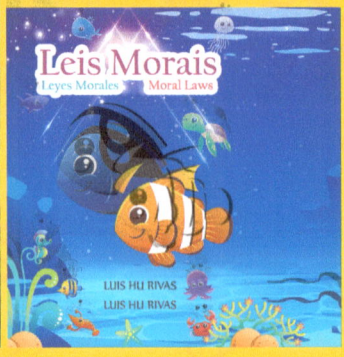 Leis Morais / Leyes Morales / Moral Laws
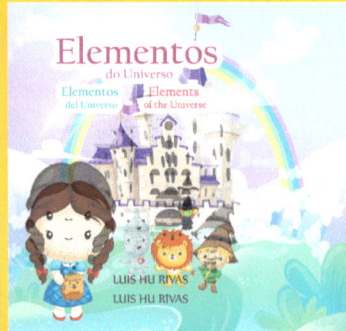 Elementos do Universo / Elementos del Universo / Elements of the Universe
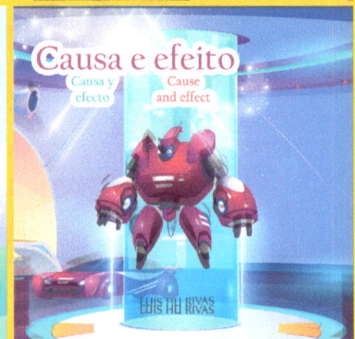 Causa e efeito / Causa y efecto / Cause and effect

LUIS HU RIVAS

Complete your collection

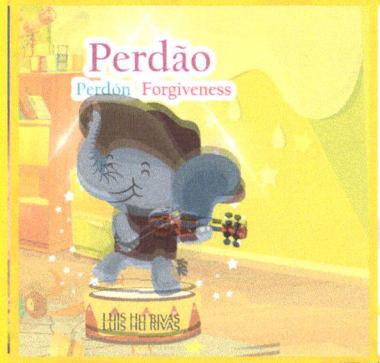
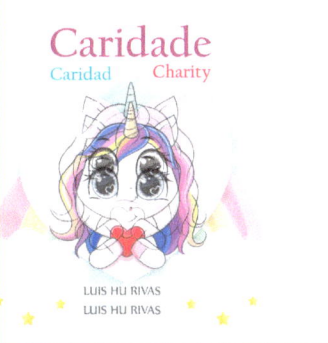
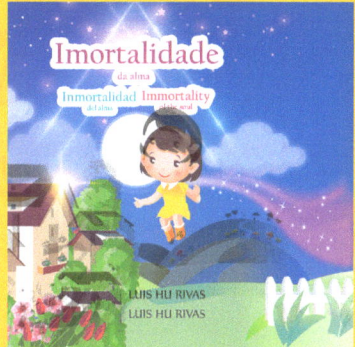
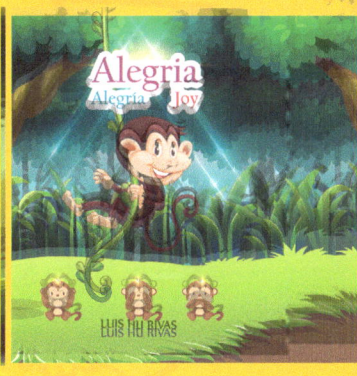
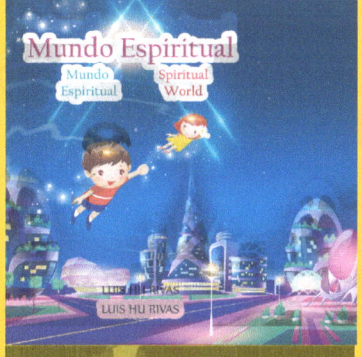
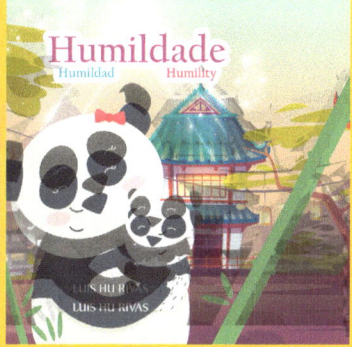
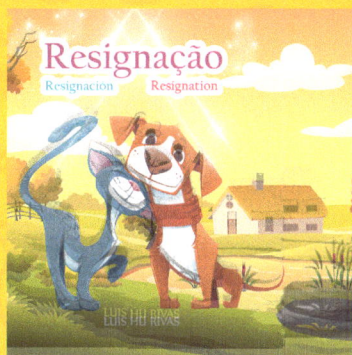
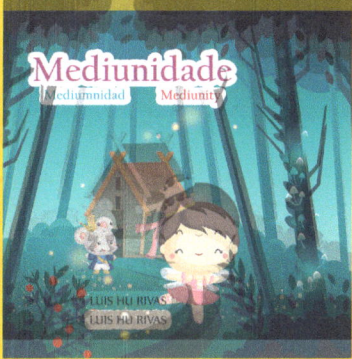
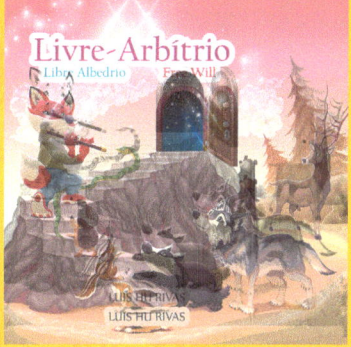
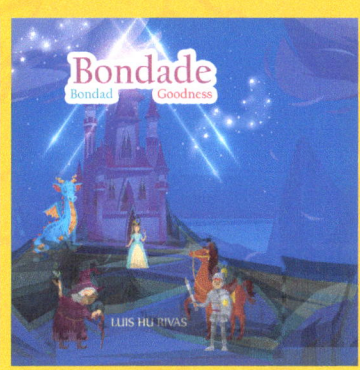

Vamos conhecer ensinamentos de luz que trazem paz e felicidade aos nossos corações.

Vamos a conocer enseñanzas de luz que traen paz y felicidad a nuestros corazones.

Let's get to know enlightening teachings that bring peace and happiness to our hearts.

🇧🇷

Ao lado de uns simpáticos dinossauros, você vai se divertir para valer!
Embarque em uma emocionante história ilustrada, com muitos ensinamentos luminosos.
Usando sua imaginação, você vai descobrir respostas a perguntas como:
O que vai acontecer com o futuro da Terra?
Como entender melhor a ideia de destruição?
Qual é a importância da transformação dos seres na Natureza? O que é destruição?

🇪🇸

¡Junto con unos amistosos dinosaurios te divertirás mucho! Embárcate en una emocionante historia ilustrada, con muchas enseñanzas luminosas.
Usando tu imaginación, descubrirás respuestas a preguntas como:
¿Qué pasará con el futuro de la Tierra?
¿Cómo podemos entender mejor la idea de destrucción? ¿Cuál es la importancia de la transformación de los seres en el Naturaleza?
¿Qué es la destrucción?

🇺🇸

You will have real fun in this adventure with nice dinosaurs! Join us on an exciting illustrated story, with many inspiring teachings.
With this reading you will also find answers to questions such as:
What will happen to Earth's future?
How can we better understand the idea of destruction?
What is the importance of the transformation of beings in the Nature? What is destruction?

HU
PRODUÇÕES